좋은 사람 되려다 쉬운 사람 되지 마라

좋은 사람 되려다
쉬운 사람 되지 마라

이남훈 지음

2500년 동양고전이 전하는 인간관계의 정수

P page2

· 프롤로그 ·

파도에 휩쓸려 토사구팽 당할 것인가, 파도 위에 올라타 승승장구할 것인가?

　세상에는 다양한 형태의 힘이 존재한다.
　중심에서 바깥으로 향하는 원심력과 그 반대로 작용하는 구심력이 있으며, 속도에 비례해 증가하는 가속력과 그 힘을 저지하려는 마찰력도 있다. 또 원래대로 되돌아오는 회복력도 있으며, 힘에 반발하는 저항력도 있다. 이러한 힘은 현실의 인간 사회에도 그대로 적용된다. 사회가 굴러가고 충돌하고 단결하는 과정에서 고스란히 이러한 힘의 형태들이 드러난다. 그런데 자연 세계에 없는 아주 독특한 힘이 있으니, 바로 주도력이다.

주도력은 가장 선두에서, 그리고 가장 중심에서 전체의 균형과 조화를 쥐락펴락하며 자신의 목적을 이뤄내는 역동적인 힘이다. 일반적으로 '주동적인 위치에서 이끌고 나갈 수 있는 권리와 권력'을 의미하는 주도권(主導權)으로 불린다.

전략에 의한 승부, 머리로 하는 싸움

주도권은 한 개인의 삶에도 지대한 영향을 미친다. 부정적인 감정에 하염없이 빠져들거나, 관계에 치이거나, 일에 끌려가기 시작하면 그때부터는 노예의 지옥도가 펼쳐진다. 자신이 계획하고 예상한 곳으로 나아가는 것이 아니라, 어쩔 수 없는 상황에 계속 끌려다니게 된다. 결국 자신에게 인생의 목표가 있었는지조차 잊어버리는 경우가 생기게 된다. '인생은 원래 허무한 거야', '인생은 고통일 뿐이야'라는 말은 대체로 인생의 주도권을 잃어버리고 남 좋은 일만 하다가 결국 막다른 골목에 몰린 사람들의 푸념이자 한탄일 가능성이 매우 크다.

그렇다면 주도권이 없거나 부족한 사람은 자신의 낮은 사회적 위치와 왜소한 권력을 탓해야 할까? 다행히도 전혀 그럴 필요가 없다. 주도권이 가지고 있는 매우 큰 특징 중 하나는 그것이 가진 힘의 양이나 속도에 반드시 정비례해서 강해지지 않는다는 점이다. 따라서 비록 사회적 위치가 낮거나 혹은 권력이 없더라도 얼마든지 주도권을 장악할 수 있다.

임금이나 왕이 가장 큰 권력을 가지고 있는 것처럼 보여도 뛰어난 신하가 나라의 정치를 바로 세울 수도 있고, 교활한 간신배가 나라 전체를 혼란하게 만들 수도 있다. 회사에서는 사장이 가장 막강한 권한을 지닌 것처럼 보여도 유능한 팀장 한 명이 일의 맥락을 장악하고 팀원들의 존경을 한 몸에 받을 수도 있다. 마찬가지로 돈이 많거나, 나이가 많다고 반드시 주도권을 쥐는 것도 아니다.

이러한 이유는 주도권이 전략에 의해서 탄생한다는 매우 독특한 성질을 가지고 있기 때문이다. 상황을 파악하고, 사람을 보는 안목이 있고, 힘이 어떻게 배분되어 있는지, 그중에서 결정적인 급소가 어디인지를 알 수 있다면, 내가 을이냐 약자냐에 상관없이 주도권을 끌어올 수 있다. 이러한 일들은 단순히 권력이 강하다고, 돈이나 나이가 많다고 해낼 수 있는 일이 아니다. 주도권 싸움은 전략에 의한 승부이자, 머리로 하는 싸움이다.

주도권을 잃은 사람에게 나타나는 모습

주도권이 없는 사람의 삶에는 여러 가지 특징적인 모습이 나타난다. 늘 군말 없이 열심히 일했지만 결국 회사에서 토사구팽을 당할 위기에 처하든지, 좋은 평가를 받고 있으면서도 늘 불안해하기도 한다. '좋은 사람'이 되고 싶어 누군가에게 잘해줬지만, 반대로 이용당하고 무시당하는 '쉬운 사람'이 되기도 한다. 평생 가족을 위해 희생에 가까운 삶을 살아왔지만 결국 가족에게 존경받지 못하는 사람도 역시 주도권을 빼앗긴 사람의 전형을 보여준다.

나는 열심히, 성실히, 긍정적으로 살아왔지만, 왜 막상 나에게 닥친 결과는 생각보다 맹탕이고, 기대보다 허무할까? 사실 주도권은 매일 하루를 열심히 살아낸다고 생기는 힘이 아니다. 그것은 삶을 충실하게 채워가는 알맹이기는 하지만, 그것만으로 전략이 만들어지지는 않는다. 오히려 주도권은 나와 내 인생, 주변의 관계 전체를 조망하고 힘과 자원을 재배치하는 고차원의 맥락에서 만들어진다. 이는 열심히 발품을 팔면서 그린 평면 지도와 하늘 위에서 조망한 3D 지도만큼이나 차이가 크다. 전체적인 판세를 읽을 수 있다면 보이지 않은 것을 볼 수 있고, 드러나지 않은 것을 드러낼 수 있다.

특히 주도권은 강한 마음의 변화를 일으킨다는 점에서 삶의 흐름을 더 강렬하게 만들어 준다. 불안하고 우울하고 희망이 없는 상태를 극복하기 위해서는 정신의 힘만으로는 부족하다. 하지만 현실적인 주도권의 확보는 희망을 직접적으로 볼 수 있게 해주고, '이렇게 하면 가능하구나!'라는 체험을 통해 도전에 대한 강한 열망을 불러일으킨다. 결국 주도권의 확보는 마음의 긍정적인 변화를 가속화한다.

주도권은 이렇게 소중한 인생의 힘이지만, 안타깝게도 딱히 정리된 교과서도 없고 누군가 잘 알려주지도 않는다. 자신의 힘을 지키는 비결 중 하나이므로 가까운 사람과 공유하고 싶은 마음이 들지 않기 때문이다.

하지만 우리에게는 훨씬 앞선 시대에 살면서 주도권을 위해 각축전을 벌였던 사람들의 사례가 있다. 2500년의 세월 속에서 만들어진 동양고전에는 위대한 영웅과 천재적인 참모들, 그리고 나름의 현명함으로 삶을 개척해 온 사람들의 지혜가 가득 담겨 있다. 오랜 세월 이어져 오면서 검증받은 것이기에 믿을 만하고 기대어 활용해 볼 수 있을 것이다. 삶에 지쳐 있는 많은 이가 이 책을 통해 주도권 확보를 위한 용기와 창의적 아이디어를 낼 수 있기를 기대한다.

불멸
Invictus

나를 감싸고 있는 밤은 구덩이 속같이 어둡다.
하지만 나는 정복되지 않는 영혼을 주신 신께 감사한다.
가혹한 현실의 손아귀에서도 나는 움츠러들거나 소리 내어 울지 않는다.
운명의 몽둥이가 날 내려쳐 머리가 피투성이가 되어도 굽히지 않는다.
분노와 비탄 너머에 거대한 어둠의 공포만이 있고,
절박한 세월이 흘러가더라도 나는 두려움에 떨지 않는다.
지나가야 할 문이 아무리 좁고,
아무리 가혹한 벌이 기다리더라도 문제 되지 않는다.
나는 내 운명의 주인이며, 나는 내 영혼의 선장이다.

윌리엄 어니스트 헨리 | *William Ernest Henley*

• 차 례 •

004 • **프롤로그** 파도에 휩쓸려 토사구팽당할 것인가,
           파도 위에 올라타 승승장구할 것인가?

PART 1 ║ 물어뜯지 못할 거면
         짖지도 마라
         주인공으로 살아가는 인생의 참맛

017 • 내가 세상을 배신할지언정, 세상이 나를 배신하지 못하게 하라
027 • 결핍은 부실함이 아니라 채워질 수 있는 가능성이다
035 • 하수는 난장판을 만들면서 싸우지만, 고수는 소리 없이 이긴다
042 • 꺼지지 않는 가능성이 결국 레전드를 만든다
050 • 뒤에 서야 앞설 수 있고, 잊을 수 있어야 존재할 수 있다

PART 2 ‖ 트렌드를 좇으려다
스타일까지 구길 것인가?
나의 방어벽을 구축하는 세상과의 거리 조절

063 • '내가 보는 나'에 갇히면 '남이 보는 나'를 만날 수 없다
071 • 세상과 주파수를 맞추다 내 중심축까지 잃을 순 없다
079 • 특별한 사람이 되려다 이상한 사람이 되지 마라
087 • 군림하다 튕겨낼 것인가, 매력으로 끌어당길 것인가?
094 • 흔들리는 것은 깃발이 아니라 당신의 마음일 뿐이다

PART 3 ‖ 인간관계, 기대는 오버이고
예의는 지능이다
'좋은 사람' 되려다 '쉬운 사람' 되는 이유

105 • 미끼를 물지 않으면 낚인 물고기 신세가 되지 않는다
113 • 저항하는 불편함을 외면하면 당해도 싼 만만한 사람이 된다
121 • 상대에 대한 판단, 들키기 전까지는 끝까지 숨겨라
128 • 눈앞의 칭찬에 현혹되지 말고, 등 뒤의 험담을 조심하라
137 • 강이 바다로 흐르듯, 사람 마음도 언제나 이익으로 흐른다

PART 4	인복이 없는 것이 아니라 안목이 없는 것이다
	사람과 관계를 보는 안목으로 주도권을 지켜라

149 • 의심하는 일은 괴롭지만, 의심하지 않으면 낭패를 겪고 만다
158 • 마음을 깎는 대패가 될 것인가, 불을 나누는 등잔이 될 것인가?
166 • 머릿속 말은 내 노예지만, 입 밖에 나온 말은 내 주인이 된다
174 • 타인의 마음에 한을 남기면, 내 마음에도 한이 돌아온다
180 • 욕심이 부르는 것은 만족감이 아니라 더 큰 결핍감이다

PART 5	한계를 돌파하려면 선부터 넘어야 한다
	주도권을 가로막는 심리 상태의 극복

191 • 과거가 현재를 지배하고, 미래가 현재를 공격하지 못하게 하라
199 • 터널을 빠져나갔는데도 밤이라면, 그때는 마음의 불을 켜라
206 • 차선이 모여 최선이 되고, 최선이 계속되면 최고가 될 수 있다
213 • 마음의 허기를 채우려다 마음까지 빼앗기지 마라
221 • 삶이 재미없어진 것이 아니라, 내가 무기력해진 것일 뿐이다

PART 6	이끌거나, 따르거나, 비켜서거나
	사회적 위상의 역동성을 만들어 가는 지혜

233 • 바람의 방향을 바꿀 수 없다면, '나'라는 돛을 조정하라
240 • 우물 밖의 개구리는 우물 안의 심오함을 알 수 없다
247 • 겸손은 타인을 위한 배려가 아니라 나를 위한 무기다
255 • 여우의 잔재주보다 고슴도치의 일격이 필요하다
263 • 사과로 관계를 새롭게 하고, 반성으로 나를 새롭게 하라

271 • **에필로그** 심기일전, 바로 지금이 시작할 때이다

물어뜯지 못할 거면
짖지도 마라

주인공으로 살아가는 인생의 참맛

PART 1

intro

철학자 니체(Nietzsche)는 푸줏간 앞에 있는 개를 보면서 인간이 가진 욕망의 이중성을 통찰했다. 당장 들어가 고기를 뜯어 먹고 싶지만, 주인의 손에 들린 칼에 다칠까 봐 그저 주변을 서성대며 짖고만 있는 모습이었다. 하고는 싶지만 두려운 마음, 원하기는 하지만 주저하는 마음. 많은 사람이 빠져 있는 안타까운 마음의 굴레이다. 하지만 짖기만 하는 개와 과감하게 푸줏간 안으로 돌진해서 물어뜯어 본 개의 차이는 크다. 비록 후자의 개는 상처를 입을 수는 있어도 고기를 먹었다는 만족감과 자신도 물 수 있다는 자신감을 얻게 된다. 더 나아가 그 개는 앞으로도 원하는 것이 있다면 상처 입는 것을 두려워하지 않고, 언제든 주저하지 않고 돌진할 수 있을 것이다.

주도권을 쥐고 인생의 주인공으로 살아가는 일도 이것과 매우 비슷하다. 처음에는 주저하게 되고, 내가 할 수 있을까 걱정할 수 있지만, 그 전략을 알고 하나씩 실천해 본다면 어느덧 '고기 맛'을 알게 되고 그것을 향해 돌진하는 흥분감은 짜릿한 스릴이 된다.

언제까지 주인공을 빛내게 하는 조연으로서만 살아갈 것인가? '내 역할에 충실했어'라는 소소한 자기 위안보다 '내 삶에 충실했어'라는 충만한 자존감을 위해 무서운 사냥개처럼 돌진해 보자.

내가 세상을 배신할지언정,
세상이 나를 배신하지 못하게 하라
조조의 주도권은 '배신을 잘 알고 제어하는 능력'이다

"원소(袁紹)의 세력이 워낙 막강한 탓에
나 역시 스스로를 보전하기 어려웠는데,
다른 군사들이야 어떻겠는가.
너희들은 원소에게 가서 보고하라.
나 조조는 그렇게 좁은 도량이 아니라고 말이다."

세상에서 가장 무서운 적은 외부의 적이 아닌 내부의 적이다. 많은 제국의 흥망성쇠에서도 증명된 바이며, 기업 경영에서도 내부의 부실과 거짓, 기술의 유출 등은 멀쩡하던 기업도 여지없이 망가뜨린다. 인간관계에서 내부의 적이라면 단연 가까운 사람에 의한 배신이라고 할 수 있다. 그들은 나를 잘 알기에 매우 아프고, 회복하기 쉽지 않은 상처를 남긴다. 하지만 배신이 두려워 사회생활을 하지 않을 수도 없고, 지금의 인간관계를 차단할 수도 없는 일이다. 중요한 것은 이 배신에 대해서 얼마나 잘 알고, 그 속성을 이해하며 능히 다룰 수 있느냐의 문제이다. 원래 모르는 것이 두려운 법이고, 익숙하지 않던 것이 나를 다치게 할 뿐이다.

이런 문제에서 일가견이 있는 인물이라면 단연 『삼국지(三國志)』의 조조(曹操)를 꼽을 수 있다. 그는 비록 '간사한 영웅'이라 불리기는 하지만, 그가 보여주었던 진격의 행보는 가히 영웅의 풍모를 유감없이 보여주었다고 평가해도 무리가 없다. 특히 조조에 관한 이야기 곳곳에서 '배신'이라는 키워드가 등장한다. 초반부의 여백사 가족 연쇄 살해 사건으로 시작해서 배신자도 등용하는 능력주의 인재 채용, 그리고 말미에서는 배신의 기미를 보인 20년 최측근 순욱의 죽음까지. 주도권을 확보해 나가는 영웅들의 지혜를 알아가는 과정에서 조조는 그 첫 장을 장식하기에 부족함이 없는 인물이다.

배신의 뿌리는 믿음

『삼국지』에서 가장 질 나쁜 악당이자, '악인의 대명사'를 꼽으라면 단연 동탁(董卓)이라고 할 수 있다. 그도 처음에는 낮은 관직으로 시작하며 주변 사람들에게 인심을 얻기도 했지만, 점차

지위가 높아지면서 군대를 마치 자신의 사병처럼 활용하며 끝내 정권을 장악하고 폭정을 펼쳤다. 시간이 흐르자 점점 그를 죽이려는 사람들이 늘어났고, 조조 역시 그중 한 명이었다. 하지만 암살에 실패한 조조는 도망길에 오를 수밖에 없었다.

    어느 마을에서 만난 진궁(陳宮)이라는 자는 조조의 암살 스토리에 경탄한 나머지 고을을 관장하는 현령이라는 관직도 버리고 함께 따라나섰다. 잠시 의탁할 곳을 찾던 조조는 아버지의 의형제였던 여백사(呂伯奢)의 집으로 갔다. 여백사는 두 사람을 자기 집에 묵도록 허락하고 술을 한잔 기울였는데, 어느덧 술주전자가 바닥을 드러냈다.
    여백사가 술을 사러 나간 사이에 편안하게 쉬고 있던 조조를 일순 긴장하게 하는 일이 벌어졌다. 밖에서 여백사의 가족이 칼을 가는 소리가 들렸고, '어떻게 죽일까?'와 같은 말들이 오갔다. 이에 화들짝 놀란 조조는 몰래 밖으로 나가 여덟 명에 이르는 사람들을 모조리 죽이고 말았다. 또 다른 사람이 있는지 부엌을 살펴보았을 때, 조조는 경악을 금할 수가 없었다. 자신을 위한 안주를 만들기 위해 곧 잡으려고 했던 돼지 한 마리가 묶여 있었기 때문이다. 자신이 큰 실수를 저질렀다고 느낀 조조는 진궁과 함께 서둘러 집을 빠져나와 도망가기 시작했다.

문제는 술을 사러 갔다 돌아오는 여백사를 길에서 마주친 것이다. 여백사는 조조에게 "왜 이렇게 빨리 떠나는가?"라고 물으며 의아했지만, 조조의 표정은 불안하고 초조했으며, 아무런 말도 할 수 없었다. 만약 이대로 헤어져서 여백사가 집으로 가면 참혹하게 죽은 가족들을 발견할 것이고, 당연히 자신을 신고할 것이기 때문이다. 결국 조조는 몇 마디를 얼버무리다가 돌연 칼을 들어 여백사마저 죽여 버리고 말았다. 조조의 연쇄 살인을 목격한 진궁은 많이 놀라면서 나무랐지만, 조조는 격분에 휩싸여 이렇게 말했다.

"차라리 내가 천하를 버릴지언정, 천하가 나를 버리도록 놔두지는 않겠다."

다음 날 아침, 조조는 진궁이 자신을 떠났다는 사실을 덤덤하게 받아들이면서 다시 길을 나섰다. 자신도 당황스러웠던 지난밤의 참극을 떠올리면서 조조는 무엇을 깨닫고, 무엇을 결심했을까?

배신한 사람도 등용할 수 있었던 이유

어떻게 보면 이 사건은 조조를 크게 각성하게 한 매우 중요한 일이었다. 그는 스스로 배신을 절절하게 체험하면서 사람이 어떤 상황에서 배신하고, 무슨 짓까지 할 수 있는지를 철저하게 깨달았기 때문이다. 더불어 '세상의 모든 사람은 언제든 배신할 준비가 되어 있다'라는 사실도 이해했을 것이다. 자신도 그렇게 했는데, 누군들 못하겠는가. 이러한 반성적 사고의 결과, 조조는 오히려 배신에 더 관용적이며 매우 수용적인 자세를 보여주는 사람으로 변하게 됐다.

훗날의 사람들은 흔히 조조를 배포가 큰 사람이라고 해석하지만, 어떤 면에서 그 누구보다 배신을 잘 알기에 오히려 인간이 하는 배신을 있는 그대로의 모습으로 수용했다고 하는 편이 더 나을 것이다. '너는 배신을 했으니, 나쁜 놈이야'라는 단죄의 태도가 아니라 '그래, 너도 인간이니 배신을 했겠지'라는 연민의 차원이다.

조조가 관도라는 지역에서 적장 원소(袁紹)와 한판 승부를 겨룰 때의 이야기다. 당시 내부에 원소와 내통했던 여러 명의 배신자가 있었고, 전쟁 직전에 색출해 체포했다. 다만 상황이 너무 급박한 나머지 일단 전쟁에 임할 수밖에 없었다. 조조는 병사들의 수적 열세에도 불구하고 승리를 거뒀고, 이후 축하 잔치를 열었다.

그때 조조는 거대한 화로를 가져오라고 했고, 얼마 전 체포된 배신자들을 모조리 데려오라고 지시했다. 대형 화로에서는 뜨거운 불길이 무섭게 치솟고 있었고, 그 아래 머리를 조아리고 있던 이들은 자신들의 죽음을 직감하고 있었다. 그리고 조조는 얼마 전 그들이 적군과 내통했던 편지를 또박또박 읽었다. 이에 옆에 있던 참모는 화를 이기지 못하며 배신자들을 모두 화로 안으로 던져 버리라고 말했다. 하지만 조조는 읽던 편지를 화로에 던진 후 큰 소리로 웃으며 말했다.

"원소의 세력이 워낙 막강한 탓에 나 역시 스스로를 보전하기 어려웠는데, 다른 군사들이야 어떻겠는가. 너희들은 원소에게 가서 보고하라. 나 조조는 그렇게 좁은 도량이 아니라고 말이다."

놀랍게도 조조는 자신을 죽음으로 몰아갈 수 있었던 배신자들을 모두 풀어주었다. 어쩌면 과거 어쩔 수 없는 상황에서 여백사를 배신했던 자신에 대한 연민이 발동되었을 수도 있다.

확실한 것은 조조는 누군가의 배신을 더 이상 '반드시 단죄해야 할 악행'으로만 바라보지는 않았다는 점이다.

조조의 이러한 생각은 영웅의 길을 걸어 나가는 데에도 큰 도움이 됐다. 과거의 이력에 상관없이 천하의 인재들을 받아들여 자신의 진용을 더욱 견고하게 만들 수 있었기 때문이다. 조조의 인재 등용 원칙은 유재시거(唯才是擧), 재주만 있다면 과거에 상관없이 누구든 천거한다는 것이었다. 심지어 주군을 배신한 사람마저 묻지도 따지지도 않고 등용했다.

매우 실용적이라는 이유 때문에 훌륭한 방법이라고 여겨지기도 하지만, 여기에는 하나의 전제가 필요하다. 바로 '배신을 막을 수 있는 능력'이다. 과거에 누군가에게 배신을 당해본 경험이 있거나, 앞으로의 배신을 막을 능력이 없는 사람이라면 이런 방식으로 인재를 등용하기는 힘들다. 하지만 조조는 자신감이 있었다. 본인 스스로가 이미 배신에 특화되어 있는 존재였기 때문이다.

배신을 이해하는 것은 사람을 이해하는 일

어떤 의미에서 배신을 이해한다는 것은 사람을 이해하는 일이라고 할 수 있다. 그리고 사람을 이해하면 우리는 그들을 훨씬 더 능수능란하고 자유롭게 다룰 수 있다. 이것은 마치 예절(禮節)이 일상에서 하는 역할과 같다. 예절은 매우 번거롭고 귀찮은 허례허식인 것 같지만, 사실은 오히려 사람을 편리하게 하는 기능을 가지고 있다.

공자의 『논어(論語)』에는 이런 내용이 있다.

"공손할 뿐 예를 모르면 수고롭고, 삼갈 뿐 예를 모르면 두렵게 된다."

공손하기는 하지만 그에 걸맞은 예절을 모르면 너무 과도하게 공손해져서 오히려 수고로움을 자처하는 꼴이고, 자신을 내세우지 않지만 너무 심하게 낮추면 상대방에 대해 두려움을 느낀다는 의미이다. 그러니까 여기에서 예절의 기능은 자신을 불편하게 하는 것이 아니라 오히려 편안하게 하는 기능을 가지고 있다. 이와 같은 맥락에서 배신의 위상을 서술해 보면 다음과 같다.

"믿음만 알 뿐 배신을 모르면 늘 남에게 속게 되고, 정직만 알 뿐 배신을 모르면 늘 남에게 당하게 된다."

조조가 비록 배신을 이해하고 수용하는 태도를 보이기는 했지만, 그렇다고 내부의 분열에 가까운 배신을 무조건 용납하지는 않았다. 그의 최측근이자 20년을 함께해 온 순욱(荀彧)의 최후가 이를 말해준다. 순욱은 나름 탁월한 전략가였던 조조의 '숨은 꾀주머니'라고 불릴 정도의 인물이었으며, 조조는 그런 순욱을 참모 이상으로 믿고 의지했다.

천하의 권력이 거의 조조에게 기울고 있을 때, 또 다른 참모가 조조에게 "스스로 왕이 되시어 황제가 내려주는 아홉 가지의 특권을 누리시라"고 조언했다. 이 특권은 하나하나가 모두 대단한 것들이었다. 황금수레를 타고, 곤룡포를 입을 수 있으며, 황제를 만날 때에도 신발을 벗지 않을 수 있다. 또 부모의 제사를 마치 신처럼 모실 수 있으며, 누군가를 죽여도 살인죄로 처벌받지 않는 것 등이었다.

하지만 순욱은 조조가 이런 특권을 누리는 것을 격렬하게 반대했다. 그때 조조는 순욱의 태도를 보고 깜짝 놀랐다. 왕이 되는 것을 반대하고 나선 것은 자신에게는 '배신'이나 다름없었기 때문이다. 결국 조조는 어느 날 순욱에게 도시락 하나를 보냈는데, 그 안에는 아무것도 들어 있지 않았다. 순욱은 자결하라는 조조의 뜻을 알아차리고 결국 독약을 마시고 목숨을 끊고 말았다. 조조는 순욱을 너무도 잘 알고 있었기에 그의 뜻을 꺾을 수 없다는 사실을 알았고, 제거라는 최후의 방법을 선택할 수밖에 없었다. 그리고 결국에는 왕이 되어 천하의 권력을 손에 쥘 수 있었다.

조조의 한평생은 배신과의 싸움이었으며, 그것을 제어함으로써 결국 최고의 권력을 얻어내는 경지에 이르렀다. 배신을 이해하고, 수용하고, 활용하고, 더 나아가 도저히 용인할 수 없을 때 제거하면서 영웅이 되었다. 배신은 결코 기분 좋은 단어가 아니다. 하지만 그것을 모르면 결코 주도권을 쥘 수 없다. 조조의 '배신을 잘 알고 제어하는 능력'을 갖춘다면, 주도권 확보를 향한 위대한 첫걸음을 훌륭하게 내디딜 수 있을 것이다.

결핍은 부실함이 아니라
채워질 수 있는 가능성이다

측천무후의 주도권은 '결핍을 깨닫고 보완하는 능력'이다

⚜

*"저에게 채찍과 쇠망치와 칼을 주신다면
말을 길들여 보겠습니다."*

내가 할 수 있다고 생각하는 일을 하기는 쉽다. 이런 상황이라면 어린아이도 머뭇거리지 않는다. 문제는 '저건 내가 하기 힘들 텐데'라거나 '그건 내가 할 수 없는 일이야'라고 판단하는 순간이다. 이런 상황에서 무엇을 선택하는지가 바로 내 인생의 주도권을 좌우하는 결정적인 순간이 된다. 결국 주도권이란 '내가 할 수 없는 것'의 영역에서 '내가 할 수 있는 것'을 조금씩 더 확보해 나가는 치열한 전투이기 때문이다. 여기에는 사람의 문제도 포함된다. 원래 친했던 사람과 친하게 지내는 일은 식은 죽 먹기다. 하지만 나와 다른 분야에서 다른 생각을 하면서 살아가는 사람과 친해지기는 쉽지 않다. 하지만 이런 사람들까지 내 편으로 끌어들일 수 있을 때, 그들의 능력을 통해 나의 능력이 더욱 확장되면서 주도권은 좀 더 강화된다.

측천무후(則天武后)는 여성의 권력 진출이 극도로 제한됐던 고대의 시기에 역사상 최초로 여자 황제가 된 놀라운 인물이다. 후궁에서 황제가 되기까지의 과정은 피 튀기는 궁중 암투의 연속이자 모략과 속임수의 막장 드라마였다. 하지만 우리가 주목할 것은 그녀가 가졌던 주도권 확보의 태도와 전략이다. 한마디로 요약하면 '내가 할 수 없다고 생각하는 일'을 어떻게 현실적으로 해낼 수 있을지를 고민하고, 결핍된 능력을 채우기 위해 모든 방법을 강구하라는 이야기다.

결핍을 보충할 수단과 인프라

어린 시절 측천무후의 이름은 무조(武照)였다. 당나라에서 태어난 그녀는 아버지가 죽은 뒤 어머니와 궁핍한 생활을 하며 힘겹게 살아가야 했다. 그래도 미모가 있었던 그녀는 열두 살에 입

궁해 당 태종(太宗)의 후궁이 되었다. 하지만 그렇게 순탄하게 생활하지는 못했다. 춤과 노래에 능하고 문학에도 나름의 실력이 있었기에 태종의 귀여움을 받기는 했지만, 그렇다고 여자로서 사랑받은 것은 아니었기 때문이다. 그 결과, '왕의 후궁으로 아이를 낳지 못하면 비구니가 되어야 한다'라는 왕실의 철칙에 따라 한때 절로 쫓겨나는 수모를 겪어야 했다. 주도권이 없는 사람은 언제든 수모를 당할 수 있음을 철저하게 깨달은 것이다. 그런데 애초에 그녀에게는 주도권 확보에 최적화된 결기가 있었다.

그녀가 후궁으로 있을 때, 서역의 한 나라에서 황제에게 조공으로 말을 바친 적이 있었다. 하지만 보통 사나운 놈이 아니어서 신하 중 그 누구도 고삐를 잡고 말을 길들이지 못했다. 이에 태종이 직접 나서서 말을 길들일 방법을 신하들에게 물었다. 그때 무조가 나서서 "저에게 세 가지 물건을 주신다면 말을 길들여 보겠습니다"라고 말했다. 당 태종이 관심을 보이며 무엇이 필요하고, 어떻게 길들일지 물었다. 그러자 무조는 이렇게 대답했다.

"채찍과 쇠망치와 칼입니다. 우선은 가죽이 벗겨질 때까지 때리고, 그래도 날뛴다면 쇠망치로 머리를 내려칠 것입니다. 그래도 고삐를 주지 않고 제멋대로 날뛴다면 검으로 목을 치면 됩니다."

이러한 강경책에 주변에 있던 신하들은 모두 깜짝 놀랄 수밖에 없었고, 태종은 남자 못지않은 강인한 용기와 기개를 칭찬했다고 전해진다.

측천무후의 이러한 발상은 '내가 할 수 없는 일이라고 하더라도 체념하지 않고 반드시 방법을 찾겠다'라는 것이었다. 어차피 그녀는 건장한 남자들도 쥐지 못했던 말의 고삐를 연약한 여자의 몸으로 쥘 수 있다고 생각하지는 않았다. 그 대신 '채찍, 쇠망치, 칼'이라는 자신의 결핍을 대체할 수단과 인프라를 찾았고, 그것을 디딤돌로 목표를 향해 나아가려고 했다.

이후에도 그녀는 '수단과 인프라 찾기'에 골몰했다. 궁중을 뒤흔드는 최고 실력자가 되려면 궁중 내의 정보를 꿰뚫고 있어야 했다. 하지만 혼자의 힘으로는 역부족이었다. 고급 정보에 접근하는 것 자체가 너무 힘들었기 때문이다. 결국 이를 타개하기 위해 그녀가 가장 심혈을 기울인 것이 바로 환관과 궁녀의 포섭이었다. 그렇게 해서 얻은 궁중의 고급 정보를 통해 자신의 주도권을 조금씩 확장해 나갈 수 있었다.

황제의 자리에 올라간 뒤에도 마찬가지였다. 가장 심혈을 기울인 것은 바로 파격적인 인사제도를 통한 신진 세력의 구축이었다. 전례 없던 여성 황제가 된 그녀는 분명 궁내에 반대 세력이 만만치 않을 것으로 예상했다. 이러한 약점을 해결하기 위해 학벌과 가문을 따지지 않고 새로운 인재들을 발탁했다. 자신에게 충성을 바칠 수 있는 능력 있고 청렴한 인물들을 끌어모아 친위부대를 구성한 것이다.

세력을 통한 열세의 극복

우리는 가끔 '나의 현재 상태'가 '나의 미래 상태'를 결정한다는 착각에 빠지곤 한다. 하지만 현재와 미래 사이에는 수많은 변수가 있고, 자신의 결핍을 채울 수 있는 시간과 기회는 얼마든지 있다. 중요한 점은 '하면 된다'와 같은 자세가 아니라, '어떻게 하면 될까?'를 고민해야 한다는 점이다.

자신의 부족한 점을 파악하고 이를 보완하기 위해 강하게 질주한 현대의 경영자를 꼽으라면 단연 아마존의 창업자 제프 베조스(Jeff Bezos)다. 그 역시 측천무후처럼 폭군의 성향을 가지고 있다. '우두머리 수컷(Alpha Male)'이라고 불릴 정도로 고집이 세고 빈틈을 보이지 않는다. 자신이 원하는 방향대로 일이 풀려가지 않으면 미친 듯이 화를 내기도 하고, 일을 제대로 진행해 나가지 않는 직원을 향해 "왜 당신이 나의 소중한 인생을 낭비하고 있는 거냐"라며 조롱하기도 한다. 또한 일의 강도가 너무 높아서 '최악의 CEO'라는 불명예도 가지고 있다. 하지만 그는 자신에게 무엇이 필요하고, 어떻게 채워야 하는지에 대해서는 누구보다 잘 알고 있었다.

특히 그는 사업 초기의 약점을 극복하기 위해서 적자를 감수하면서도 시장을 키워서 소비자를 확보하는 데 주력했다. 심지어 초기 인터넷 서점 시절에는 베스트셀러를 정가의 40퍼센트가량 싸게 팔아서 이윤도 거의 남지 않았을 정도였다. 이른바 '빠르게 실행해서 크게 만들자(Get Big Fast)'라는 전략이었다. 단기적으로는 손해라고 하더라도 큰 파이를 만들면 장기적으로 자신이 차지할 이익이 많아질 것이라고 여겼기 때문이다.

소비자의 충성심을 확보하는 일도 마찬가지였다. 사업 초기에 아마존에서는 고객의 성향에 맞는 맞춤 광고 이메일을 통해서 상당한 매출을 올렸다. 하지만 어느 순간 베조스는 과도한 광고가 소비자의 충성심을 떨어뜨릴 수 있다는 이유 때문에 반대를 무릅쓰고 맞춤 광고 이메일을 포기해 버렸다. 그 결과, 회사 내에서는 '제프 베조스가 고객을 위해서 무슨 짓을 할지 모른다'라는 걱정까지 생기기도 했다. 심지어 비용을 아끼기 위해 회사 식당에서는 커피와 바나나만 공짜로 주었으며, 이면지를 쓰지 않은 직원에게는 눈총을 주기도 했다. 초창기 사업적 결핍을 극복하려는 노력 끝에 결국 그는 창업 이후 기업가치를 1,000배나 높였으며, 세계 최강의 전자 상거래 업체로 등극할 수 있었다. 그의 행보는 그 어떤 희생을 감수하더라도 황제가 된 측천무후의 모습을 연상케 한다.

큰 승리를 거두게 한 황개의 고통

살다 보면 희생을 감수해야 할 때가 있다. 하나를 얻기 위해서는 하나를 잃어야 한다는 말도 있듯, 희생과 고통이 없으면 원하는 목표에 접근하기 힘들다. '고통스러운 육체의 계책'이라는 의미의 고육지계(苦肉知計)가 이를 잘 말해준다. 이것은 특히 자신이 가진 것이 별로 없는 결핍의 상황에서 더욱 절실하게 필요한 방법이다.

『삼국지』에서 조조의 백만대군에 맞선 연합군의 총사령

관 주유(周瑜)는 걱정과 고민이 태산 같았다. 지금의 상태로만 본다면 도저히 조조의 군대를 이길 방법이 없었기 때문이다. 결국 조조를 속일 방법을 생각해 냈지만, 백전노장인 조조가 쉽게 속을 리는 없었다. 결국 주유의 부하 황개(黃蓋)가 항복을 건의하고, 그것이 주유의 분노를 사서 곤장을 맞는 거짓 쇼를 계획했다. 이때 황개는 무려 100여 대의 곤장을 맞으면서 엉덩이가 허물어지고 몇 번이나 까무러치는 고통을 당해야만 했다. 하지만 이러한 장면을 연출해 조조를 속일 수 있었고, 주유의 연합군은 결국 큰 승리를 거둘 수 있었다.

자신에게 부족한 것이 있고, '과연 내가 할 수 있을까?'라는 의심이 들 때는 '황개의 고통'을 떠올려야 한다. 부족한 것을 채우기 위해서는 수단을 찾아야 하고, 그 수단을 내 것으로 만들기 위해서는 고통을 감내해야 한다. 이럴 때 비로소 측천무후의 '결핍을 깨닫고 보완하는 능력'이 강해져, 한 단계 한 단계 더 높이 전진해 나갈 수 있을 것이다.

하수는 난장판을 만들면서 싸우지만, 고수는 소리 없이 이긴다
가후의 주도권은 '배후를 쥐고 흔드는 능력'이다

"죄송합니다.
잠시 원소와 유표 부자(父子)를 생각하느라…."

주도권은 앞에 나서서 목소리를 높이고, 주먹을 흔들면서 강하게 주장한다고 해서 확보할 수 있는 것이 아니다. 의욕이 너무 앞서면 오히려 난장판이 되어 버리고, 그 과격함으로 인해 오히려 주변의 경계를 받을 수도 있다. 그보다 더 확실하고 강한 장악력을 가진 주도권은 바로 '배후를 쥐고 흔드는 능력'이다. 앞에 나서지 않아도, 목소리를 높이지 않아도 원하는 상황을 만들어 내고 소리 없이 이기는 전략이다. 이는 표면을 공략하는 것이 아니라 심층의 흐름을 공략하는 것이라고 볼 수 있다. 팔다리를 마구 움직여 자신의 힘으로 헤엄을 칠 수도 있지만, 강물의 거대한 흐름에 몸을 맡기면 훨씬 더 쉬우면서도 강한 추진력으로 나아갈 수 있다.

『삼국지』 마니아 중에는 가후(賈詡)라는 인물을 좋아하는 사람들이 꽤 많다. 적지 않은 역사가들이 가후를 제갈공명보다 더 뛰어난 전략가이자, 처세술의 달인이라고 평가한다. 역사 속에서는 탁월한 실력을 발휘했던 참모들조차 결국 주군이나 주변 경쟁자들에 의해 비참하게 죽거나 버려지곤 한다. 하지만 가후는 무려 다섯 명의 주군을 섬겼고, 77세의 나이에 자신의 집에서 편안하게 죽음을 맞은 인물이다. 그가 이렇게 할 수 있었던 이유는 바로 '대의명분'이라는 누구도 거역할 수 없는 큰 흐름을 추진력으로 삼았고, 스스로가 만든 방해물에 걸려 넘어지지 않도록 사전에 대비했기 때문이다.

든든한 추진력이 되는 대의명분

가후의 출발은 그다지 보잘것없었다. 중원에서 멀리 떨어진 변방의 평범한 가정에서 태어났고, 비록 한때 관직을 얻기는 했지만 그나마 병이 생겨 그만두게 되었다. 재주가 없는 것은 아니었지만, 그에 비하면 운이 별로 따라주지 않았다. 그런데 동탁의 신하가 되면서부터 조금씩 능력을 발휘하기 시작했다. 오랜 무명의 세월이 오히려 내공을 키워준 것일까? 가후가 선택한 가장 실천적인 지혜는 바로 '대의명분'이었다. 그는 빠르고 현실적인 이익도 중요하다고 생각했지만, 결국 대의명분이야말로 주도권을 장악하는 최적의 무기라고 생각했다.

가후가 동탁의 부하로 있을 때였다. 동탁이 암살당한 뒤, 장수들은 군대를 해산하고 도망가려고 했다. 이때 가후가 나서서 장수들을 설득해 동탁을 살해한 무리를 공격하도록 했으며, 그 결과 정권을 장악했다. 이때 가후가 제일 먼저 했던 일은 대의명분을 만들어 세상에 공표하는 일이었다. 이때 만들어진 '천자를 받들어 천하를 편안하게 한다'라는 대의명분은 혹시라도 있을지 모를 반격과 백성들의 불만을 잠재웠다.

뒤이어 가후가 장수(張繡)를 모시고 있을 때였다. 그때 원소나 조조와 동맹을 맺어야 할 선택의 기로에 섰다. 가후는 강력하게 조조와 동맹을 맺을 것을 주장했는데, 그 이유는 '조조가 황제를 데리고 있으니, 이는 대의명분에 맞다'라는 것이었다. 결국 가후의 말을 들은 장수는 조조와 동맹을 맺고 성대한 환영을 받았다. 가후는 늘 선택의 순간에, 혹은 위기 상황에서는 최대한 대의명분을 찾았고 그것을 따르는 데 주저하지 않았다.

대의명분은 현실에서 우리의 주도권 장악에도 큰 도움이 된다. "내 생각은 이거야"라거나 "나는 이걸 하고 싶어"라고 하면 곧 상대방에 의해서 반박당할 가능성이 크다. 그 대신 "이렇게 하는 것이 맞는 것 아냐?", "사람이라면 누구나 이걸 하고 싶지 않겠어?"라고 말한다면 이는 부정하기 힘든 논리가 된다. '나'라는 개별성에 의지하기보다는 '정당성과 보편성'이라는 대의명분에 의지하는 것이 훨씬 더 강한 힘을 발휘하기 때문이다. 이렇게 하면 말싸움이 줄어들고, 대립이 격화되는 일을 막을 수 있다.

직구가 아닌 커브를 던져라

가후의 또 다른 특징은 강하게 직접적으로 상대방을 압박하지 않고, 흥미로운 주제를 던져서 부드럽게 자극한다는 것이다. 그 결과, 상대가 스스로 문제를 해결할 수 있도록 한다. 그가 훗날 왕이 된 조조를 모실 때였다. 조조가 장남인 조비(曹丕)와 둘째 조식(曹植) 중에서 누구를 후계자로 삼는 것이 좋겠냐고 물었던 적이 있다. 그러나 가후는 멀뚱멀뚱 하늘만 쳐다볼 뿐, 곧바로 대답하지 않았다. 조조가 "무슨 생각을 하시오?"라고 재차 묻자 그제야 대답했다.

"죄송합니다. 잠시 원소와 유표 부자(父子)를 생각하느라…."

이 말을 듣고 조조는 한바탕 크게 웃음을 터뜨렸다. 원소와 유표는 모두 장남을 후계자로 세우지 않아서 결국 내분으로 망했기 때문이다.

강하고 빠른 직구를 던지는 것이 아니라, 휘어지고 느리게 가는 커브를 던져 스스로 문제를 해결할 수 있게 하는 방식은 일종의 막후정치(幕後政治)를 연상하게 한다. 앞에서는 드러나지 않지만, 뒤에서 협상과 조정을 하면서 끝내 자신이 원하는 것을 이뤄내는 방식이다.

우리의 현실에서도 이런 막후정치는 결국 배후를 쥐고 흔드는 능력을 가능하게 한다. 자신과 주도권을 다투는 사람에게 다가가서 "도대체 왜 이런 문제가 생기고, 어떻게 해결해야 하는지 허심탄회하게 이야기해 보자"라며 접근하는 방법이다.

상대가 무엇을 원하는지, 무엇을 지키고 싶어 하는지를 알게 되고, 그에 대한 힌트를 주면 서로 대립하지 않으면서도 문제를 해결할 수 있다. 격렬하게 부딪히지 않으면서도 격렬한 문제를 해결하는 '소리 없는 아우성'이다.

영국의 조직문화 컨설턴트이자 정치 분석가인 이언 레슬리(Ian Leslie)는 격렬한 의견의 대립은 문제를 해결하는 것이 아니라, 오히려 문제의 해결에서 도망가는 길이라고 지적한다. 우리의 뇌는 대립하는 의견 자체에서 이미 자신이 공격당하고 있다고 느낀다. 그래서 뇌 영상을 찍게 되면 실제로 신체적인 위협을 받을 때와 동일한 뇌 부위가 활성화된다. 따라서 이 상황을 회피하기 위해 안간힘을 쓰게 되는데, 이러한 방법 중 하나가 바로 상대에게 맹렬한 비난을 퍼붓는 일이다. 그렇게 함으로써 자신의 논리를 보호하고, 상대방의 반박으로부터 무너지지 않을 것이라고 여기기 때문이다.

하지만 이런 식의 충돌은 문제를 해결할 수 없으며, 오히려 악감정만 불러일으키게 된다. 따라서 이때 가장 현명한 방법은 바로 오히려 상대방의 호기심을 불러일으키는 자극을 주어 스스로 생각할 수 있게 하는 것이다. 가후가 조조의 질문에 직접적인 대답을 하지 않고 "원소의 유표 부자를 생각하느라…"

라고 말한 것은 바로 흥미로운 호기심을 불러일으키며 조조가 스스로 문제를 해결하도록 한 것이라고 볼 수 있다.

상대방과 격렬하게 싸워서 이기는 것도 분명 이기는 것이다. 하지만 그렇게 난장판을 만드는 동안 해법에 더 많은 자원을 투여해야 하고, 피해는 늘어나고, 상처가 오래간다. 그보다는 탄탄한 대의명분에 기댄 상태에서 대립하지 않고 문제를 해결하는 '배후를 쥐고 흔드는 능력'을 갖춘다면 훨씬 더 현명하게 승리를 거둘 수 있다.

꺼지지 않는 가능성이
결국 레전드를 만든다

일론 머스크의 주도권은 '꺼지지 않는 가능성'이다

※

"많은 사람의 마음은 대단한 힘을 발휘하고,
많은 사람의 말은 쇠도 녹일 만큼 대단하다."

주도권의 본질 중 하나는 '집단의 힘을 나의 힘으로 전환하는 능력'이라고 할 수 있다. 사람들의 관심과 지지를 끌어내고 나의 목표에 동참시키면서 훨씬 힘찬 전진의 동력을 얻을 수 있다. 하지만 이는 일회성으로는 부족하다. 꾸준하게 새로운 이슈를 던져 관심을 증폭시킴으로써 자신에게 '꺼지지 않는 가능성'이 있다는 사실을 보여주어야 한다. 그래야만 사람들이 결집하는 힘은 더욱 강해지고, 성공에 관한 경험들이 쌓여 결국 '살아 있는 레전드'가 될 수 있다.

이러한 방면에서 가장 탁월한 면모를 보여주는 현대 경영자를 꼽으라면 단연 일론 머스크(Elon Musk)다. 세계 최고의 부자 중 한 명인 그는 때론 엉뚱하고, 때론 충격적인 구설수를 낳기도 하지만, 그가 글로벌 기업의 각축전에서 매우 큰 축을 담당하고 있다는 사실을 부인하기는 힘들다.

주도권의 차원에서 우리가 주목해야 할 부분은 바로 원대한 꿈을 통해서 사람들의 관심과 호기심을 유발하는 재주이며, 이를 통해 투자받고, 훌륭한 인재를 곁에 두는 일이다. 어떻게 보면 그 출발은 '관종'일 수도 있다. 그러나 사람들의 관심과 호기심이라는 집단의 힘은 대단한 영향력이 있으며, 때로 성공과 실패의 여부를 결정하기도 한다. 그런 점에서 끊임없이 이슈와 화제를 몰고 다니는 일론 머스크는 분명 배울 것이 많은 경영자이다.

마음을 끌어오는 것이 첫 번째다

춘추시대 말기, 주나라 경왕(景王)은 거대한 종을 만들고 싶어 했다. 그러나 큰 종을 만드는 일은 여간해서 쉽지 않은 일이다. 많은 재물을 써야 할뿐더러, 고된 노동을 해야 하는 백성들의 불평불만도 이만저만이 아니기 때문이다. 이에 신하 중 한 명이었던 주구(州鳩)는 강력하게 반대했다. 하지만 그럼에도 결국 경왕은 종을 만들었고, 아첨을 좋아하는 신하들은 '종소리가 조화롭고 듣기 좋다'며 아부했다. 이에 경종은 애초에 반대했던 주구에게도 의견을 물었다. 하지만 주구는 "알 수 없습니다"라고 답했다. 왕이 이유를 묻자, 그는 주저 없이 이렇게 말했다.

"왕께서 악기를 만드시어 백성들이 모두 이를 좋아하면, 이것을 '조화롭다'라고 합니다. 그런데 지금 왕께서는 백성을 혹사하고 물자를 낭비하시니, 왕을 원망하지 않는 백성이 없을 것입니다. 그래서 그런지 저는 종의 소리가 조화로운지 잘 모르겠습니다. 게다가 백성들이 좋아하는 일은 성공하지 않는 것이 거의 없고, 백성들이 싫어하는 일은 실패하지 않는 것이 거의 없습니다. 그래서 속담에도 '많은 사람의 마음은 대단한 힘을 발휘하고, 많은 사람의 말은 쇠도 녹일 만큼 대단하다'라는 말이 있습니다."

아마도 이 말을 들은 왕은 기분은 좋지 않았겠지만, 주구의 말 자체를 부인하기는 힘들었을 것이다. 주구의 말에서 유래한 고사성어가 바로 중심성성(衆心成城)이다. '많은 사람의 마음이 성을 만든다'라는 의미이다. 집단의 마음이 성패를 좌우한다. 이는 주도권의 확보와 유지에서 매우 중요한 교훈이다. 결국 얼마나 사람들의 마음을 내 편으로 끌어들이고 나에게 관심을 갖게 하느냐가 결국 주도권의 질과 양을 결정하기 때문이다.

다만 이러한 집단의 힘을 내 것으로 만들기 위해서는 상식을 뛰어넘는 신묘한 방법과 원대한 꿈의 제시가 반드시 필요하다.

남북조시대 송나라에 종각(宗慤)이라는 장군이 있었다. 그가 지금의 베트남 지역인 임읍을 공략하고 있었을 때였다. 당시 임읍의 왕은 코끼리를 앞세워 공격해 왔고, 이에 송나라 군대는 맥을 못 추었다. 연전연패하던 종각은 한 가지 꾀를 냈다. 병사들을 사자로 변장하게 한 뒤 코끼리 앞에서 춤을 추게 한 것이다. 이에 놀란 코끼리는 모두 도망가고 말았고, 병사들은 종각의 신묘한 방법에 감탄하며 충성을 바쳤다.

종각은 어렸을 때부터 탁월한 무예와 함께 원대한 꿈을 발표해 주변을 놀라게 했다. 종각은 열네 살 때 열 명에 이르는 떼강도를 물리쳤고, 그의 숙부는 그를 대견하게 생각했다. 한 번은 숙부가 종각에게 "너는 장차 커서 무엇이 되고 싶으냐?"라고 물었다. 그때 종각은 이렇게 대답했다.

"거센 바람을 타고 만리(萬里)의 물결을 헤쳐 나가고 싶습니다."

종각은 오늘날로 치면 카피라이터의 능력을 갖추고 있다고 해도 과언이 아니다. '장군이 되고 싶다'거나, 혹은 '고위관직에 오르고 싶다'라는 것이 아니라 '만리의 물결을 헤쳐 나가고 싶다'라는 시원한 상상력은 모두에게 그의 원대한 의지를 알 수 있게 했고, 탄복을 불렀기 때문이다.

돈보다 더 중요한 것은 '의지'

일론 머스크는 판을 뒤집는 색다른 꿈을 발표해서 사람들을 놀라게 하고, 그 결과 마음을 결집해 자신의 힘으로 전환하는 데 탁월한 능력을 발휘한다. 전기차 회사인 테슬라는 인류의 오랜 에너지였던 석유로부터의 해방을 추구하고 있으며, 더보링컴퍼니를 통해서 지하 터널을 뚫어 초고속 수송 시스템을 개발한다. 또 뉴럴링크라는 회사를 통해서는 뇌와 컴퓨터의 연결이라는 신기원을 만들려고 한다.

머스크가 하려는 사업의 면면은 모두 판을 뒤집는 것들

이다. 그저 심혈을 기울인 좋은 제품을 제공하거나 정성을 기울인 최상의 서비스를 제공하겠다는 것이 아니다. 한마디로 땅속을 헤집고, 우주로 날아다니고, 인간의 뇌 속으로 들어가는 새로운 차원이다.

특히 이 과정에서 그는 일반적인 상식과 정보를 뒤틀어 관심을 집중시키는 능력까지 보여준다. 스페이스X의 창립 목표는 '우주의 본질을 이해하기 위해서'이다. 경영의 세계에서 '비전'이나 '가치', '행복' 등은 자주 사용되는 표현이기는 하지만, '본질에 대한 이해'는 독특하면서도 낯설기 때문에 오히려 사람들의 관심을 끌어낸다. 또한 더보링컴퍼니라는 회사 이름에서 보링(Boring)은 '지루하다'라는 뜻이다. 회사 이름이 '지루한 회사'라니….

심지어 그는 자신의 아들에게 기괴할 정도의 이름을 지어주기도 했다. 일명 'X Æ A-12'이다. 읽기도 힘들지만, 머스크는 이를 '엑스 애쉬 아크엔젤 투엘브'라고 설명했다. 그 의미가 어찌 됐든, 이제 갓 태어난 회사 사장 아들의 이름이 언론에 등장하고 수많은 사람의 관심을 끌어낸 것은 인류 역사상 처음일 것이다. 이러한 독특한 행각이 끊임없이 발현되면 사람들은 머스크에게 계속 관심을 갖게 되고, 더 나아가 그를 창의적이고 용기 있으며 대단한 사람으로 기억하게 된다.

그러나 머스크가 단순히 대중들의 말초적인 관심만 끄는 것이라고 보기는 힘들다. 그에게서 느껴지는 괴짜의 이미지는 오히려 인류의 미래에 대한 진정성마저 느끼게 하기 때문이다. 그는 인터뷰에서 이런 말들을 했다.

"저는 부자로 죽을 것 같지는 않아요. 화성 기지 건설에 저의 재산 대부분이 소모되더라도 놀랍지는 않습니다."

"미래가 더 나아졌으면 하는 마음이에요…. 인생을 발전시킬 새롭고 흥미로운 일들을 하고 싶어 하는 거죠."

"페이팔 매각으로 얻은 수익은 1억 8천만 달러였습니다. 저는 스페이스X에 1억 달러, 테슬라에 7천만 달러, 솔라 시티에 1천만 달러를 투자했습니다. 집세를 내기 위해 돈을 빌려야 했습니다."

"내 생애 동안에 인류가 화성에 착륙하지 않는다면 나는 매우 실망할 것입니다."

"혹시 저 때문에 감정이 상한 사람이 있다면, 그저 이렇게 말하고 싶군요. 저는 전기차를 재창조했고, 지금은 사람들을 로켓에 태워 화성으로 보내려 하고 있습니다. 그런 제가 차분하고 정상적인 친구일 거라고 생각하셨나요?"

그의 말이 정말로 진심인지 아닌지는 별로 중요하지 않다. 그보다 더 중요한 것은 그가 수많은 사람을 감탄하게 만들고 관심을 끌어낸다는 점이다.

물론 누군가의 관심만으로 내가 성장하고 강한 주도권을 쥘 수는 없다. 하지만 사람들이 관심도 표하지 않는 사람이 중심에 섰던 적도 별로 없다. 머스크처럼 '꺼지지 않는 가능성'을 끊임없이 보여주면서 사람들의 관심을 끌어낼 수 있다면, 스스로 훨씬 더 훌륭해지고 싶다는 의지가 발동되면서 자기 발전의 계기를 마련할 수 있을 것이다.

뒤에 서야 앞설 수 있고,
잊을 수 있어야 존재할 수 있다
젠슨 황의 주도권은 '위대함을 관리하는 것'이다

"하늘과 땅이 영원하고 변치 않는 것은
그것이 스스로 살려고 애쓰지 않기 때문이다."

　주도권은 타인을 피폐하게 만들면서 자신이 더욱 많은 권한을 갖는 일이 아니다. 오히려 정반대로 사람들에 의해서 떠받들어져서 위임받는다고 하는 것이 좀 더 정확하다. 이 말은 곧 자신을 앞세운다고 해서 되는 일이 아니라 오히려 충분하게 자신을 비워 냈을 때 가능한 일이며, 함께하는 사람들을 챙기고 지원하고 도움을 주었을 때 가능한 일이다.
　가장 이해하기 쉬운 행동을 예로 들어보면, 식당에서의 서빙(Serving)이라고 할 수 있다. 식당의 직원은 자신이 먹고 싶은 것이 아니라 손님이 먹고 싶은 음식을 주문받고, 자신의 불편함을 해결하기 위해서가 아니라 손님의 불편함을 해결하기 위해 존재한다. 그래서 서빙이란, 자신의 욕구를 비워 내고 타인을 지향하는 행위에 비유할 수 있다.

　인공지능 시대에 가장 주목받고 있는 경영자는 바로 AI 반도체 설계 회사 엔비디아의 창립자인 젠슨 황(Jensen Huang)이다. 애플, 구글과 함께 시가총액 최상위를 기록한 그는 말 그대로 '비움과 서빙의 황제'라고 해도 과언이 아니다. 그의 이러한 능력은 학창 시절에서부터 그 기미가 보이기 시작했으며, 이후 창업을 하면서 점점 자신만의 독특한 리더십으로 정착됐다.

　하지만 이러한 '비움과 서빙'이라는 테마를 단순히 '사람들에게 잘해주어서 나를 위해서 일하게 하자'라는 차원에서 이해해서는 안 된다. 그보다는 한 인간이 가질 수 있는 극대화된 충성심을 확보하고, 그것으로 위대함을 관리하는 일이라고 할 수 있기 때문이다.

충만과 완벽의 뿌리는 비움

중국 당나라 시절 바둑의 고수였던 왕적신(王積薪)은 '바둑을 잘 둘 수 있는 열 가지의 비결'이라는 의미의 위기십결(圍棋十訣)을 제시했다. 여기에서 '위기'는 한자어로 바둑을 의미한다. 그 열 가지 중에서 비움을 논하는 대목이 있다. 바로 네 번째인 기자쟁선(棄子爭先)이다. 당장 자신에게 도움이 될 수 있는 바둑알을 버리고, 전체적인 기선의 제압이 제일 중요하다는 이야기다. 그냥 평면적으로 보자면 그리 어려운 이야기가 아니겠지만, 현실에서는 꽤 힘든 일이다.

기자쟁선에서의 '기자(棄子)'는 사실 매우 무서운 말이다. 바로 '자식을 버린다'라는 의미이기 때문이다. 이 말은 기선을 잡는 것이 자식을 버릴 정도로 중요한 일이며, 동시에 힘든 일이라는 사실을 알게 한다. 그러나 오히려 버리고 비우는 일은 곧 살아 숨 쉬는 생명력을 담보하는 것이라고 할 수 있으며, 그것으로 자신을 최강의 능력자로 만드는 것을 말한다.

노자의 『도덕경(道德經)』 제7장은 바로 이러한 비움의 지혜를 전한다. 여기에는 1980년대 홍콩 느와르 영화의 제목이기도 했던 천장지구(天長地久)에 관한 이야기가 등장한다.

"하늘은 영원하고 땅은 변치 않는다(天長地久). 하늘과 땅이 영원하고 변치 않는 것은 그것이 스스로 살려고 애쓰지 않기 때문이다. 그러므로 영원히 살 수 있다. 성인은 그 자신을 뒤에 두기 때문에 앞에 서게 되고, 자신을 잊기 때문에 존재한다. 그에게 사사롭고 간사한 마음이 없기에 능히 그 이익을 얻을 수 있다."

뒤로 물러나야 앞설 수 있고, 간사하지 않아야 오히려 이익을 얻을 수 있다는 것은 분명 기자쟁선의 프로세스를 그대로 담고 있다. 노자는 11장에서 보다 구체적인 예를 들면서 설명하고 있다.

"서른 개의 바큇살이 하나의 바퀴에 모여 있는데, 그 바퀴 속 텅 빔에 의해서 수레의 쓰임이 있는 것이오. 진흙을 이겨서 그릇을 만드는데, 그 그릇 안의 텅 빔에 의해서 그릇의 쓰임새가 있는 것이오. 집에 구멍을 뚫어 창문을 내는데, 그 문틀의 빈 공간으로 인해서 방 안의 쓰임새가 있는 것이오. 그래서 있음(有)의 유익함은 없음(無)의 작용에서 나오는 것이다."

결국 '있음'은 '없음'으로 완성되는 것이며, 충만과 완벽은 비움에 그 뿌리를 두고 있다고 볼 수 있다.

위대함을 관리한다는 것의 의미

때로 고전이 말하는 여러 가지 지혜는 듣기도 좋고 의미도 좋지만, 현실 세계에서 실천하기는 고리타분하다고 여길 수도 있다. 하지만 인공지능 시대, 시가총액 4천조 원을 넘나드는 세계 최고의 경영자가 바로 이러한 지혜의 주인공이라는 점은 고전이 가지고 있는 강력한 힘을 다시 한번 반증하고 있다.

제일 먼저 살펴봐야 할 것은 젠슨 황의 나이다. 셀럽에 가까운 그의 인기와 트레이드마크로 자리 잡은 가죽 재킷이 주는 젊은 이미지 때문에 그렇게 보이지 않지만, 사실 그는 2024년 현재 61세이다. 중요한 것은 그가 일하는 분야가 최첨단 인공지능의 분야이며, 4차 산업혁명의 최전선인 테크 분야라는 점이다. 이런 상황에서 61세라면 '할아버지 CEO'라고 불러도 결코 무리가 아니다. 더구나 창업했던 30년 전부터 CEO였고, 지금도 여전히 CEO이다. 이토록 오랜 기간 동안 경영하면서 세계의 기술적 흐름을 이끌고 있는 사람은 전무하다고 볼 수 있다. 마치 '영원히 변하지 않으면서 살아가는 하늘과 땅'이라는 천장지구를 연상하게 하는 대목이 아닐 수 없다.

젠슨 황의 이러한 성공 비결은 매우 다양한 측면에서 찾아볼 수 있겠지만, 자신을 비우고 직원들을 향해 모든 초점을 맞춘다는 점이 매우 주효했다. 그 스스로도 이를 '가장 중요하게 생각하는 일'이라고 말하고 있다. 그는 한 인터뷰에서 이렇게 이야기했다.

> "나는 항상 시간이 충분하다고 말하는데 실제로 시간은 충분하며 현명하게 시간의 우선순위를 정함으로써 자신에게 가장 중요한 일, 즉 직원의 성장과 발전을 돕는 일에 집중할 수 있다."

> "나는 매일 똑같은 방식으로 아침을 보낸다. 가장 우선순위가 높은 업무를 먼저 처리하는 것으로 하루를 시작한다. 출근하기도 전에 이미 하루가 성공적이라고 생각한다. 가장 중요한 업무를 이미 끝냈기 때문에 다른 사람들을 돕는 데 하루를 보낼 수 있다."

누군가를 돕는 일이 뭐가 그토록 대단한 일일까? 하루 종일 남을 돕기만 한다면, 자신을 돕는 일은 언제 할 것인가?

젠슨 황이 노렸던 것

철두철미한 젠슨 황의 서빙 정신은 어린 시절부터 발현됐다. 심지어 그는 인종차별을 받던 학창 시절에도 자신을 괴롭히는 친구를 도운 적이 있다. 그가 생활했던 기숙사의 룸메이트는 감옥에 다녀온 적이 있는 학생이었다. 늘 칼을 지니고 있었기에 공포의 대상이었고, 젠슨 황 역시 늘 최악의 괴롭힘을 당했다. 심지어 3년간 화장실 청소를 도맡아 해야 했다.

하지만 상황을 반전시킨 것은 젠슨 황이 그 친구를 돕기 시작했던 일이다. 수학 과목에서 실력이 있었던 그는 자신을 괴롭힌 친구에게 수학을 가르쳐 주기 시작했고, 그로써 둘의 관계에는 반전이 일어났다. '찌질한 왕따 피해자-폭력적인 가해자'가 아닌, '수학을 알려주는 친구이자 선생님-친구에게 수학을 배우는 얌전한 학생'이 될 수 있었다. 관계의 역학에 있어서 이처럼 드라마틱한 변화가 또 있을 수 있을까?

엔비디아의 기업문화도 젠슨 황이 가진 서빙의 마인드를 철저하게 구현하고 있다. 회사 내에서는 보통 CEO가 직원들을 호출해서 회의를 열곤 한다. 하지만 엔비디아에서는 정반대다. 직원들이 언제든 CEO를 호출해서 회의에 참석시킨다. 그러니 젠슨 황은 여기저기 직원들에게 불려 다니며 바쁜 하루를 보낸다. 젠슨 황의 하루는 '직원들을 돕는 것'으로 점철되어 있다. 회사 이곳저곳을 오가면서 직원들에게 말을 건네고, 농담도 하고, 그들이 무슨 어려움을 겪고 있는지 친구처럼 대화한다. 젠슨 황은 자신이 그렇게 하는 것을 '위대함을 관리하는 일'이라고 말한 바 있다.

"더 나은 성과를 위해 직원들을 관리할 수는 있지만, 위대함을 관리할 수는 없다. 위대함으로 가는 길은 스스로 알아내야 하기 때문에 직원들을 마음으로 이끌어야 한다."

실리콘밸리의 한 벤처펀드 관계자는 엔비디아 본사를 방문한 뒤 자신의 홈페이지에 '왜 젠슨 황이 세계 최고의 CEO인가?'라는 글을 쓴 적이 있다. 거기에는 이런 내용이 있다.

"회사 직원들을 챙기는 것은 그의 최우선 순위 중 하나이며,

팀은 고품질 작업은 물론이고 회사와 제품에 대한 높은 충성도로 보답하고 있었다."

결국 젠슨 황이 자신과 함께하는 직원들을 돕는 것은 충성심을 끌어내서 더 확고한 주도권을 쥐는 일이었으며, 그들을 위대하게 만들어 엔비디아와 자신을 위대하게 만드는 일이었다. 그저 남을 돕기만 하는 것이라고 생각했던 서빙의 결과는 고스란히 자신에게도 향하고 있었다.

이는 조직 생활과 가정에서도 얼마든지 확실하게 통용되는 방법이다. 다른 사람이 가지고 있는 문제를 해결하고, 불편함을 해소해 주고 계속 성장할 수 있게 해준다면 어떨까? 만약 당신에게 이런 남편이나 아내가 있거나, 혹은 이런 상사나 부하가 있다면 어떨까? 아마도 최선의 보답을 하고 싶을 것이며, 말은 하지 않아도 그를 향한 충성심은 폭발할 지경일 것이다.

그들을 충성스럽게 만들고, 이를 기반으로 키워진 그들의 위대함을 나에게로 향하게 하는 것, 젠슨 황이 노린 것은 바로 이것이었다. 그저 바쁘게 직원들을 도와주러 동분서주하는 것이 전부인 것처럼 보였지만, 그 내실은 처음부터 끝까지 모두 젠슨 황이 누리고 있었던 것이다.

이제 그가 했던 것처럼 '위대함을 관리하는 능력'을 갖춰 보자. 더 깊은 차원에서, 더 광범위한 영향력을 가진 주도권이 당신의 손에 들어올 것이다.

트렌드를 좇으려다 스타일까지 구길 것인가?

나의 방어벽을 구축하는 세상과의 거리 조절

PART 2

intro

세상의 트렌드를 외면하면서 살 수는 없다. 다른 사람이 어떻게 살아가는지에 관심을 두지 않을 수도 없다. 하지만 문제는 나만의 스타일을 망가뜨리는 일이다. 남이 하는 말을 너무 쉽게 내 생각으로 받아들이고, 남이 하는 생각을 줏대 없이 내 입으로 떠벌리고 다니는 사람들이 있다. 그 의미를 깊게 깨닫지도 못한 채 유행하는 것을 그대로 따라 말하고, 남들이 가는 길의 뒤꽁무니만 쫓아갈 뿐이다. 이런 사람들의 특징은 끊임없이 흔들린다는 점이다. 유행이 바뀌면 서둘러 바뀌어야 하고, 사람들이 몰려가면 자신도 허겁지겁 가봐야 한다. 이렇게 정신없이 휘둘리다 보면 눈이 오면 눈을 맞고, 비가 오면 비에 젖는 고단한 나날을 살아갈 뿐이다.

현대 패션계에 큰 획을 그은 코코 샤넬(Coco Chanel)은 이렇게 말했다.

"내가 곧 스타일이다."

당신은 그 누구도 범접할 수 없는 단 하나의 스타일로 태어났다. 세상의 트렌드와 타인이 살아가는 모습에 관심을 두지만, 자신만의 스타일을 발전시켜야 한다. 내 머리로 생각해 낸 옹골찬 주관과 철학을 차곡차곡 쌓아가자. 다른 사람과 자신을 비교하며 억지로 바뀌는 것이 아니라 스스로 변화해 나갈 수 있어야만 자신만의 주도권으로 삶을 채워 나갈 수 있다.

'내가 보는 나'에 갇히면
'남이 보는 나'를 만날 수 없다
우리가 MBTI에서 멀어져야 하는 이유

"자신이 가진 새끼줄로
제 몸을 옭아매어 곤란을 겪는다."

    자신의 힘으로 내면을 단단하게 채우지 않으면, 다른 것들이 내 안에 들어와 나를 채우면서 문제가 시작된다. 외부에서 온 것들은 차분히 검증하고 하나씩 축적한 것들이 아니다. 그러니 빠르게 채워지긴 하지만, 혼란하고 취약한 상태에 머물게 된다. 그 결과, 나약한 구조는 언제든 무너질 준비를 하고 있다. 조그만 어려움에도 '멘붕'이 오고, 힘든 일이 생기면 짜증이 먼저 튀어나온다. 장애물을 만나게 되면, 그 그림자만 흘깃 보여도 지레 겁을 먹고 포기할 준비를 한다. 나의 철학과 생각은 곧 내 삶의 무기이기에 이것들이 없는 사람은 늘 자신감이 떨어지고 자부심도 약하다.

이런 사람의 특징 중 하나는 자신의 기준이 아닌, 타인의 관점으로 자신을 바라본다는 점이다. 그중 가장 대표적인 것이 바로 MBTI다. 자신을 외부의 손쉬운 틀에 맞춰 정체성을 규정하다 보니, 때로는 게으름과 자기 방치의 달콤한 대의명분이 되곤 한다. 분명 과감하게 도전해야 할 일임에도 불구하고 '나는 그런 성향이 아니라서…'라고 말하고, 적극적으로 협력하고 일을 도모해야 하는 상황에서도 자신의 성향을 감안해 미리 포기하기도 한다. 이 정도면 MBTI는 나에게 도움을 주는 긍정적인 도구라기보다는 오히려 삶에 해악을 끼치는 배신의 도구이다. 성장을 위한 도전도, 낯선 자신을 만나는 새로운 재미도 막을 뿐이니, 그저 자신이 가진 새끼줄로 제 몸을 옭아매는 자승자박(自繩自縛)의 결과만 있을 뿐이다.

학과 비바람이 만들어 낸 아수라장

철두철미하고 냉정한 정치 사상가였던 한비는 자신의 저서 『한비자(韓非子)』를 통해서 수많은 통치의 기술을 언급했다. 여기에는 우리의 일상에도 적용할 수 있는 유용한 내용이 많이 담겨 있다.

　　　진나라의 평공(平公)이 새로운 왕궁을 건립하고 경축 행사를 열었다. 이때 옆 나라인 위나라의 영공(靈公)도 축하 행사에 참여하기 위해 길을 떠났다. 그의 일행이 강에 이르러 잠시 쉬고 있었는데, 어디선가 매우 독특하고 매혹적인 거문고 소리가 들렸다. 이에 영공은 부하들을 시켜 그 거문고 소리의 주인공을 찾으려 했지만 찾을 수 없었다. 영공은 급한 마음에 그 소리를 기록해 두도록 했다. 이윽고 진나라의 잔치에 참석한 영공은 흥건하게 취하자, 오는 길에 들었던 거문고 소리가 생각이 났다. 이에 평공에게 거문고를 타도 되겠냐며 청했고, 이에 평공은 흔쾌히 허락했다. 그런데 거문고가 한창 연주되던 중, 자리에 있던 한 관리가 느닷없이 나서서 이렇게 경고했다.

　　　"이 노래는 나라를 망치는 노래입니다. 결단코 끝까지 연주해서는 아니 됩니다."

　　　하지만 평공은 신경 쓰지 않고 거문고를 계속 연주하도록 했다. 그런데 노래가 끝으로 가자 갑자기 28마리의 학이 몰려들어 날개를 펴고 춤을 추기 시작하는 것이 아닌가. 잠시 후 비바람이 거칠게 몰아치고 왕궁의 기왓장이 날아가면서 현장은 아수라장이 되고 있었다. 잔치에 참석한 사람들은 도망가기에 급급했고, 결국 행사는 망가져 버리고 말았다.

이 이야기에서 등장한 고사성어가 바로 '나라를 망치는 음악'이라는 의미의 '망국지음(亡國之樂)'이다. 물론 당시 거문고 소리가 왜 학과 비바람을 불렀는지는 알 수 없다. 하지만 여기에서 중요한 점은 '원래부터 내 것이 아닌, 그래서 외부에서 온 것들이 내부로 들어와 기존의 것을 부수고 난장판으로 만든다'라는 점에서는 꽤 의미 있는 교훈을 얻을 수 있다. '굴러들어 온 돌이 박힌 돌을 빼낸다'라는 우리 속담이나, '악화가 양화를 구축한다(Bad money drives out good)'라는 말이 그렇다. 이 모든 것은 바로 왕궁 밖의 학과 비바람이 들이닥쳐 경사스러운 자리를 망가뜨리는 망국지음의 현대적 현상들이라고 할 수 있다.

'내가 생각하는 나'가 다가 아니다

소설가 김영하가 한 TV 예능 프로그램에 출연했을 때였다. 자신의 MBTI를 묻는 진행자의 질문에 대해 그는 '비밀'이라고 말하며 밝히기는 거부했다. 이유는 '내가 생각하는 나이기 때문에 믿지 않는다'는 점이었다. 그의 말은 '나의 생각으로 포착되지 않는 또 다른 나'가 있다는 점이며, 이러한 나 역시 큰 가치가 있다는 의미이다.

　우리는 자신이 하나의 정체성을 가지고 있다고 생각하지만, 현실적으로는 그렇지 않다. 사실 자신을 규정하는 방법은 수도 없이 많으며, 시간이 흐르면서 유동적으로 변할 수 있다. '부모님이 생각하는 나'도 있고, '제일 친한 친구가 보는 나'도 있다. 또 '10년 전의 나'와 '오늘의 나'도 완연히 다른 사람이다. 이 모든 모습은 '나'를 결정하는 것임에도 불구하고 MBTI는 오로지 '현재 내가 생각하는 나'가 절대적인 진리인 것처럼 착시효과를 불러일으킨다. 이것은 나를 파악하는 수단일 수는 있지만, 그와 동시에 나를 가두는 감옥도 된다. 특히 변화의 가능성, 성장의 기회에 대해 아예 문을 걸어 닫고 '그래봐야 나는 뭐 소심한 ISFP인데 뭐'라는 정도로 생각하면 이는 나의 확장에 결정적인 걸림돌이 되고 만다.

　뿐만 아니라 타인들이 발견해 주는 예상치 못했던 나의 모습에 흥미를 느낄 기회마저 차단한다. 때로 남들이 말해주는 나의 모습에 꽤 놀라는 경우가 많다. 이제껏 전혀 예상하지 못했던 모습이기 때문이다. 하지만 비록 그것이 나의 단편적인 모습일 수는 있어도, 가치 없는 모습은 아니다. 이러한 또 다른 나를 만나게 되면 새로운 강점을 발견할 수도 있고, 어떻게 달라는지를 연구해 볼 수도 있다. 그러나 MBTI라는 감옥은 그 모든 가능성을 차단하는 역할을 하게 된다. 그리고 더 큰 문제는 악순환을 만들어 낸다는 점이다. 한번 자신을 '소심한 성격'이라고 규정해 버리면 자신도 모르게 매번 소심하게 행동하게 된다는 점이다. 이러한 현상을 '자기실현적 예언(Self Fulfilling Prophecy)'이라고 부른다.

정체성에 대한 '나의 선언'

미국 콜로라도대학의 뇌과학자이자 심리학자인 토르 웨거(Tor Wager) 교수는 이러한 상태를 과학적으로 증명해 냈다. 특정한 경험이 고통스러울 것이라고 예상하면 실제로 인체에서는 신경학적으로 통증 반응이 일어나고, 고통의 정도가 더욱 증대된다. 예를 들어 평소에 '연인과 이별하게 되면 나는 정말 힘들 거야'라고 생각하는 사람일수록 실제 이별을 하게 되면 그렇지 않은 사람보다 더 강한 고통을 경험하게 된다. 여기에서 알 수 있는 하나의 교훈은 생각과 신체는 생각보다 더 강하게 연결되어 있다는 점이다. 결국 '나는 소심한 사람이야'라고 계속해서 생각하다 보면 실제의 손짓이나 발걸음 등 여러 행동도 소심해질 수밖에 없다.

1950년대 미국에서 뮤지컬로 제작되고 이후 영화로도 상영된 〈마이 페어 레이디(My Fair Lady)〉는 자기 규정과 그로 인한 정체성에 관한 매우 흥미로운 영화이다. 한 언어학자와 그의 친구는 거리에서 꽃을 팔면서 살아가는 빈민가 출신의 여성 둘리틀(Doolittle)을 데려와 개인교습을 시켜 사교계의 귀부인으로 성장시킨다. 투박하고 촌스러운 어투를 고치는 것에서 시작해 표정, 발걸음 등 모든 것을 교육한다. 처음 둘리틀은 그 교육이 혹독한 고문처럼 느껴졌지만, 점차 자신을 바라보는 시선이 달라지면서 결국 귀족 가문의 남성들이 결혼하고 싶어 하는 여성이 되었다. 둘리틀의 극 중 대사 중에 이런 말이 있다.

"당신이 나를 꽃 파는 여자로만 대하면 나는 꽃 파는 여자밖에 될 수 없다. 하지만 교양 있는 숙녀로 대한다면 교양 있는 숙녀가 될 수 있다."

이 말은 나 자신에게도 적용된다. 자신을 MBTI에서 규정한 사람으로만 대한다면 당신은 그런 사람밖에 될 수 없다. 하지만 그 감옥에서 탈출해 또 다른 시각으로 본다면, 전혀 다른 사람이 될 수 있다.

하나의 기준으로 자신을 단정 짓지 마라. 그리고 그것에 이끌려 스스로를 노예로 만들어 행동하지 마라. 아직도 만나지 못한 '수많은 나'가 간절히 '오늘의 나'를 기다리고 있기 때문이다.

세상과 주파수를 맞추다
내 중심축까지 잃을 순 없다
화(和)하지만 동(同)하지 않아야 하는 이유

"오늘 시험에 제출한 문장들은
천 사람의 글(千篇)이 하나의 격률(一律)이어서
시험관들도 역겨워한다."

자신을 타인과 비교하는 이유는 크게 두 가지 때문이다. 하나는 최소한 남들과는 비슷해져야 한다는 생각 때문이며, 또 하나는 그들보다 앞서 나갔으면 하는 바람이 있기 때문이다. 건강한 수준의 앞서고 싶은 비교라면 그다지 나쁘다고 볼 수는 없다. 하지만 열등감에 의해 남들과 같아지려고 하는 마음은 결국에는 후회를 낳고, 채워지지 않는 욕망으로 인한 헛헛함을 만들어 낸다.

사실 세상의 기준에 가까이 가려는 마음은 꽤 큰 매력을 가져다주기도 한다. 세상에서 뒤처지지 않는다는 만족감, 사람들 사이에서 소외되지 않고 최소한 평균으로는 살아간다는 안정감이 나를 지탱해 줄 수 있기 때문이다. 하지만 모든 삶의 주파수를 세상과 맞추려다 보면 정작 나의 중심축을 잃게 된다. 그리고 한번 균형을 잃어버린 중심축은 저절로 바로 세워지지 않는다. 결국 내 인생의 주도권은 완전히 힘을 잃고 계속해서 무엇인가에 의존하는 상태가 된다.

이러한 문제는 사실 과거에도 있었기에 그에 따른 답도 이미 있다. 핵심을 요약하면 '화(和)하지만 동(同)하지 않는다'라는 것이다. 고개는 끄덕이고 이해는 하지만 현혹되지는 말아야 한다. 장단점을 잘 살펴 나에게 맞는 것을 취하는 영리함을 발휘하되, 내 것이 아니라고 생각되면 과감하게 버리는 지혜가 있어야 한다. 자신을 잃지 않기 위해서는 우선 단단한 나의 중심축이 유지되어야 한다는 이야기다.

이토록 오묘한 관계라니

기원전 5세기경, 공자(孔子)가 편찬한 역사책인 『춘추(春秋)』를 해석한 책이 『춘추좌씨전(春秋左氏傳)』이다. 여기에서 '화합하는 것(和)'과 '같아지는 것(同)'의 차이에 관한 이야기가 나온다.

춘추시대 제나라의 명재상이었던 안영(晏嬰)은 세 명의 왕을 섬긴 인물로 왕조차 함부로 대하지 못할 정도의 덕망을 쌓았다. 그가 경공(景公)을 모시고 있을 때 양구거(梁丘據)라는 또 다른 신하가 있었다. 양구거 역시 능력도 괜찮고 머리도 나쁘지 않았지만, 경공의 유흥과 오락을 책임지며 타락과 일탈로 이끌었다. 그러니 경공은 양구거를 좋아했지만, 안영은 양구거를 탐탁지 않게 생각했다. 한 번은 오랜만에 양구거를 만난 경공이 "그는 나와 화한다"라고 말했다. 이에 안영은 이렇게 답했다.

"그것은 화가 아닌 동입니다. 양구거는 군주가 옳다고 하면 자신도 옳다고 하고, 군주가 그르다고 하면 자신도 그르다고 합니다. 마치 물에 물을 붓는 것과 같고 조화 없이 일률적으로 거문고를 켜는 소리와 같을 따름입니다."

'화'는 서로의 차이를 인정하면서도 공존하는 것이지만, '동'은 차이가 없는 완전한 일체화이다. 군주가 '옳다'라고 말하면 그에 따라 '옳다'라고 말하는 신하는 그저 일심동체가 되었을 뿐, 아름다운 조화라고 볼 수 없다는 이야기다.

이 둘의 차이를 좀 더 명확하게 보여주는 인물들이 있다. 북송시대 유학자이자 정치가였던 사마광(司馬光)과 범진(范鎭)은 평생을 함께해 온 친구이자 동료였다. 함께 관직에 올랐으며, 오롯이 함께 영광을 누리며 친교를 나눴다. 사마광은 범진을 두고 "나와 성이 같지 않은 형제다"라고 말할 정도였다. 이 정도면 둘 사이가 얼마나 가까웠는지 짐작할 것이다.
　그런데 둘 사이에는 평생을 통해 해결하지 못한 심각한 논쟁 하나가 있었다. 바로 세상의 음악에 관한 이론 중 하나인 악률(樂律)에 있어서는 무려 30년간이나 합의를 보지 못한 채 끊임없이 논쟁을 이어갔다. '형제와 같다'라고 할 정도면 그런 이론상의 차이는 그저 덮어두거나 대충 합의하고 갈 수 있을 것 같지만, 그들은 절대로 그렇게 하지 않았다. 결국 그들은 '화'는 했지만 '동'은 하지 않았다.

　같은 북송시대의 탁월한 정치가였던 범중엄(范仲淹)과 한기(韓琦)의 관계도 비슷했다. 둘은 모두 제각각 뛰어난 능력을 발휘하며 많은 사람의 존경을 받았지만, 조정에서 회의할 때마다 늘 사사건건 의견이 충돌했다. 마치 개인적인 원한이라도 있는 듯, 그렇게 서로의 의견에 날카롭게 대립했다. 하지만 그들은 회의가 끝나고 나서는 한 번도 서로 얼굴을 붉힌 적 없이 친구처럼 지냈다. 두 사람은 '동'은 하지 않았지만 '화'는 했다.

그저 '물에 물을 붓는' 상태

우리는 의식적으로든 무의식적으로든 끊임없이 세상의 기준을 접하게 되면서 주파수를 그 기준에 맞춰 나가곤 한다. 물론 그것에 관심을 기울이고 참고는 해야겠지만, 마치 '물에 물을 붓는' 완전히 하나가 된 상태는 지양해야 한다. 그렇지 않으면 주체적인 삶이 사라지고, 남들의 주문에 따라 움직이는 로봇이 되어 버리기 때문이다. 너무 쉽게 휩쓸리고, 유행이라면 전부 따라 해야 하고, 인기 있는 것이라며 맹렬하게 쫓아가다 보면 자신도 모르게 지치게 된다.

이렇게 자신의 중심축까지 심하게 흔들리는 이유는 명백하게 '사고의 부족' 때문이라고 할 수 있다. 사고가 없으니 주관이 없고, 주관이 없으니 그냥 남을 따라 하며 사는 삶이 편할 뿐이다. 문제는 사람들이 점점 더 생각하기 싫어한다는 점이다.

지난 2014년 미국 하버드대학과 버지니아대학의 연구팀은 다양한 실험을 통해 사람들은 나이와 교육 수준, 소득 그리고 스마트폰을 즐기는 정도에 상관없이 아예 생각하는 것 자체를 싫어한다는 사실을 발견했다. 연구진들은 다양한 사람들에게 특정한 주제를 주고 홀로 가만히 방에 앉아서 생각할 시간을 주었다. 하지만 그들은 생각하기는커녕 계속해서 규칙을 어기는 행동을 했으며, 더 나아가 생각하기보다는 자신에게 신체적 고통을 주는 일을 선택하기도 했다. 미국 콜로라도대학의 제시카 한나(Jessica Hanna) 박사는 "지루한 강의에서 학생들이 스스로를 때리는 행위는 흔한 일일 수 있다"라고까지 말했다.*

  스마트폰과 인터넷에 볼거리가 넘치는 지금 시대에 사람들은 자신의 머리로 생각하기를 귀찮아한다. 그 결과, 그냥 남이 제시해 놓은 기준대로 살아가는 것이 편하고, 설사 남들과 다르게 살고 싶어도 그 이유를 말할 수 있는 논리 자체가 부족하다. 결국 그들은 늘 "남들도 다 그렇게 해", "요즘 이게 대세야"라는 말밖에 할 게 없다. 이는 세상의 주파수에 완전히 '동'해 버린 상태이며, 자신의 중심축은 무너진 상태라고 봐야 한다. 안타까운 점은 이런 삶의 태도는 먼 훗날 자신의 삶을 되돌아볼 때 후회를 남길 뿐이라는 점이다.

---

* 이안 샘플, '사람들은 앉아서 생각하기보다는 전기충격을 받기를 택했습니다', 뉴스페퍼민트/가디언, 2014. 7. 7

천편일률의 어리석음

말기암 환자들을 돌보았던 호주의 간호사 브로니 웨어(Bronnie Ware)는 수많은 사람과 대화를 나누면서 그들이 가장 후회하는 것에 대한 이야기를 듣고 이를 책으로 펴낸 바 있다. 사람들이 가장 많이 후회하는 첫 번째는 바로 "다른 사람들이 나에게 기대하는 삶이 아니라, 나 자신에게 충실한 삶을 살 수 있는 용기를 가졌으면 좋았을 것 같다"였다. 아무 생각 없이 남을 따라서 살았던 사람들의 후회이다. 나의 삶을 나의 생각으로 살아가지 못하는 것은 그저 처참한 일일 뿐이다.

뭔가 다르지 않고 엇비슷한 것을 '천편일률(千篇一律)'이라고 표현한다. 이 말은 송나라의 문호였던 소식(蘇軾)이 시험 감독을 하면서 했던 말에서 유래했다.

"오늘 시험에 제출한 문장들은 천 사람의 글(千篇)이 하나의 격률(一律)이어서 시험관들도 역겨워한다."

그의 '역겹다'라는 표현은 개성도 없고, 차별화도 없고, 그저 바보처럼 남들만 따라 하는 시험 응시자들에 대한 비판이다. 물론 누군가의 삶을 이렇게 표현해서는 안 되겠지만, 최소한 아무런 고민도 없이 그저 세상의 기준만 따라가며 살아가는 자신의 모습은 역겨워해야 훗날 자신의 인생을 후회하는 일은 없을 것이다.

특별한 사람이 되려다
이상한 사람이 되지 마라

과도한 우월감은 숨겨진 열등감의 또 다른 표현이다

"자신만이 옳다고 생각하는 독선이야말로
마음을 해치는 도적이다."

　　자신만의 스타일과 중심축을 단단히 지키는 일은 반드시 필요하지만, 그렇다고 아예 세상에서 이탈하라는 말은 아니다. 이러한 실수를 자주 범하는 사람들은 자신에게 과도하게 함몰되어 있는 사람들이다. 그들은 자주 세상과 동시대 사람들의 모습을 혹독하게 비난하고 격렬하게 거부하려고 한다. 이와 동시에 자존감이 과도하게 넘치면서 사소한 부분을 부각해 자기 자랑을 하고, 조그만 부분을 확대해 타인들을 격하하기도 한다. 이것은 자신을 지키는 것이 아니라 편향된 자기 함몰일 뿐이다.

문제는 이런 사람들은 아예 집단에서 배제될 가능성이 매우 크다는 점이다.

'너무 특별한 사람'은 결국 '이상한 사람'이 되어 버리기 때문이다. 물론 모든 사람은 내심 자신이 평균 이상이라는 우월감을 가지고 있으며, 이는 정상적인 현상이다. 자기 우월감은 인간이 가진 근원적인 심리로 분석되기 때문이다. 그래서 많은 민족은 자신들을 '우월한 민족'이라고 생각하고, 많은 국가가 자신을 '특별한 국가'라고 생각한다. 하지만 이러한 성향이 지나치게 심각해지면 아예 미움을 받아 탄압받는 민족이 되거나, 혐오감을 주는 국가가 되어 버린다. 이렇게 되면 공동의 작업에 참여해서 주도권을 나눠 가지면서 함께 성과를 만들어 나가는 일은 극히 어렵게 된다. 결국 자신에 대한 어느 정도의 우월감을 가지는 것은 좋지만, 그것을 과도하게 드러내면 결국 피해는 온전히 자신의 것이 된다.

천재 예형이 결국 죽임을 당한 이유

고전에는 혀를 내두르게 하는 지혜와 통찰을 지닌 잘난 사람들이 많이 등장하지만, 그중에서도 압도적 인물을 한 명 고르라고 한다면 단연 후한 말기의 예형(禰衡)을 꼽을 수 있다. 그런데 그는 똑똑해도 너무 똑똑했다. 이미 스물네 살의 나이에 '황제의 자문 역할을 맡아도 충분한 인물'로 평가받았기 때문이다. 하지만 안타깝게도 그것이 결국 자신의 죽음을 부르는 결정적 패착이 되고 말았다. 특히 그의 의협심과 정의감은 그를 '너무 이상한 사람'으로 만들어 버렸다.

예형은 북 치는 실력까지 매우 뛰어났으며 그것이 조조에게까지 알려졌다. 하루는 조조가 예형을 불러 북을 치라고 했는데, 예형의 옷이 다소 남루하고 더러웠다. 이에 조조가 이 문제를 지적하자, 평소에도 조조의 정치적 행보에 심각한 불만을 가지고 있던 예형은 본격적으로 싸움을 걸었다. 예형은 "내 옷이 더러워서 북소리를 듣는 데 방해가 되는가?"라고 말하면서 옷을 하나씩 벗어 던져 마침내 알몸이 되었다. 그때부터 조조와 예형 사이에서는 거친 말들이 오가기 시작했다. 조조가 "무례하다"라고 꾸짖자, 예형은 "무례란 임금과 윗사람을 속였을 때나 쓰는 말이 아닌가? 나의 옷이 더럽다기에 어머님의 뱃속에서 나온 깨끗한 모습을 그대로 보였을 뿐이다."

이에 다시 조조가 "너는 스스로 깨끗한 척을 하는구나"라고 말하자 예형은 또다시 이렇게 되받아쳤다.

"너는 너의 혼탁을 모르는구나. 어진 사람과 어리석은 사람도 구분하지 못하니 눈이 혼탁하고, 충신의 말에 귀를 기울이지 않으니 귀가 혼탁하고, 자신의 고집만 앞세우니 이는 몸이 혼탁한 것이 아닌가? 거기다 나와 같은 천재를 대하는 데 있어서 예를 다하지 않으니, 이것이야말로 소인배의 짓이 아닌가?"

조조는 그 자리에서 예형을 죽여 버리고 싶은 마음이 간절했지만, 그나마 '천재'라는 주변의 평가가 있었기 때문에 그렇게 하지는 못했다. 이후 그를 등용해서 쓰기는 했지만, 분을 참을 수는 없었다. 결국 조조는 예형을 형주에 있던 유표(劉表)에게 보내 버렸고, 예형의 성향을 알게 된 유표는 다시 그를 강하에 있는 황조(黃祖)에게 보내 버렸다. 그리고 결국 그곳에서도 독설을 멈추지 않던 예형은 결국 죽임을 당하고 말았다.

자신에게 없는 것으로 잘나 보이고 싶을 때

조조에 대한 예형의 비판이 맞는 말일 수도 있다. 하지만 문제는 정의감과 의협심이라는 이유로 세상의 눈높이에는 아무런 관심을 가지지 않았다. 그 결과, 오로지 나 홀로 잘난 '오만하고 독선적인 인물'이 되어 버렸다는 점이다. 그래서 예형은 계속해서 버림을 받다가 자신의 탁월한 능력에도 불구하고 결국 너무 이른 나이에 세상을 등지고 말았다. 예형의 이러한 모습은 '자신을 너무 탁월하다고 여기는 사람'이 걸어가게 되는 슬픈 길을 보여준다. 누군들 자신만의 개성적인 성격이 없고, 누군들 남들보다 탁월한 면이 없겠는가. 하지만 그것을 너무 도드라지게 드러내면 결국 배제당하는 일을 피할 수 없게 된다.

예형처럼 실제 잘나서 잘난 척해도 문제지만, 애초에 자신의 것이 아닌 것으로 자신을 돋보이게 하려는 사람들도 있다. 비싼 물건이나 돈, 유명한 사람을 알고 있다는 것이 마치 자신의 우월성을 보여준다고 생각하는 경우다. 이들은 잠시 집단에서 주인공이 되는 것처럼 보일 수는 있어도 결국 맨몸의 그 자신만으로는 아무것도 주도할 수 없는 나약한 인간일 뿐이다.

공자가 한때 노나라의 임금인 정공(定公)을 모시면서 국정을 도맡아 할 때가 있었다. 그때 정치는 급속도로 안정을 되찾기 시작하면서 발전의 기미를 보였다. 하지만 정공이 여색을 탐하면서 국정을 게을리했고, 급기야 공자를 만나는 일도 기피했다. 공자는 더 이상 노나라를 맡을 생각이 없어 관직을 내려

놓고 위나라로 떠났다. 이에 공자의 명성을 익히 들어 알고 있었던 위나라 왕의 부인인 남자(南子)가 공자를 만나고 싶다며 전갈을 보냈다.

  남자는 비록 왕의 아내일 뿐이었지만, 위나라의 국정을 좌우할 정도의 막강한 힘을 가지고 있었다. 공자는 그녀의 행실이 바르지 못하다는 소문을 들었기에 만남에 응하지 않으려고 했다. 어느 날 위나라의 왕과 아내인 남자가 궁궐 밖으로 유람을 떠난 일이 있었다. 마침 그때 만난 공자를 억지로 왕의 수레에 태웠고, 마치 자신이 공자를 데리고 다니는 것처럼 위세를 떨었다. 당황스러운 순간을 맞이한 공자는 부끄럽기도 하고 화가 나기도 해서 결국 위나라를 떠나고 말았다.

  이 이야기에서 초요과시(招搖過市)라는 말이 생겼다. '과시하면서 거리를 지난다'라는 의미이다. 남자는 공자를 통해서 자신을 빛내고 싶어 했다. 스스로를 빛내는 발광체가 될 실력이 없으니, 공자를 통해 자신을 밝게 보이게 하는 반사체의 길을 선택한 것이다. 이 모든 것의 근원에는 과도하게 우월해 보이고 싶어 하는 마음이 존재한다.

오만과 편견

세상에 우월해지고 싶지 않은 사람은 없다. 또 특별한 사람이 되고 싶지 않은 사람도 없다. 하지만 그것을 지나치게 추구하고 드러내는 일은 결국 실익 없는 결과만 초래할 뿐이다.

명나라 말기 홍자성(洪自誠)이 쓴 『채근담(菜根譚)』에는 이런 내용이 있다.

> "이익과 욕심이 다 마음을 해치는 것은 아니다. 자신만이 옳다고 생각하는 독선이야말로 마음을 해치는 도적이다. 음악과 육욕(肉慾)이 도덕적 수양을 방해하는 것이 아니다. 스스로 총명하다고 잘난체하는 것이야말로 도덕 수양의 장애물이다."

홍자성은 마음속에서 이익을 추구하는 욕심과 쾌락에 대한 지향 자체를 나쁘게 보지 않았다. 그것이 외부로 과도하게 드러날 때 문제가 된다고 보았다.

사실 어떤 의미에서 자신의 탁월함과 우월성을 외부로 드러내는 것 자체가 이미 내부에서 지나친 결핍을 느끼고 있기 때문이기도 하다. 숨겨진 수치심과 말할 수 없는 열등감, 스스로도 인정하지 못하는 자아의 모습으로 인해 고통받았기에 이를 보호하기 위한 장치가 필요하다는 이야기다.

영국 작가 제인 오스틴(Jane Austen)의 『오만과 편견』에는 이런 글이 나온다.

"오만은 다른 사람이 나를 사랑할 수 없게 하고, 편견은 내가 다른 사람을 사랑하지 못하게 한다."

예형도 그랬고, 남자도 그랬다. 나만 잘났다는 오만과 독선은 타인으로부터 멀어지게 만들고, 우월감을 과도하게 추구하는 마음은 결국 타인과의 화합을 방해할 뿐이다.

군림하다 튕겨낼 것인가, 매력으로 끌어당길 것인가?

물과 불을 함께 사용하는 능력이 필요하다

"관대함과 사나운 것이 서로 돕는다."

세상과는 거리 조절이 필요하고, 사람 사이에서는 힘 조절이 필요하다. 주도권을 장악하겠다는 의도로 자칫 너무 강하게 군림하게 되면 오히려 원하는 것을 얻어낼 수가 없다. 군림은 자신의 결정을 다른 사람에게 강요하려는 경향을 보이기 때문에 안정적이고 지속 가능한 주도권을 불가능하게 한다. 하지만 정반대로 주도권을 쥐기 위해 상대방이 원하는 대로만 해서도 곤란하다. 너무 호락호락하게 보이면 사람들이 제각각 자신의 주장만 하면서 따라오지 않을 가능성이 있기 때문이다.

이 양쪽의 문제를 모두 피해 가기 위해서는 적절하게 힘을 조절하는 능력이 있어야만 한다. 때로는 강하고 혹독하지만, 또 때로는 부드럽고 관대한 방법을 동시에 사용해야 한다는 이야기다.

그런데 이러한 이중적인 모습은 '인간적인 매력'을 만들어 내는 매우 중요한 요인이기도 하다. 흔히 말하는 '반전 매력'이 그것이다. 강해 보이는 사람이 의외로 순수하거나, 자신만 생각하는 이기적인 사람인 줄 알았는데 늘 알게 모르게 누군가를 배려하는 심성이 있다면 어떨까? 이런 사람은 꽤 매력적으로 보이는 것은 물론, 그 깊이를 알 수 없어서 더욱 끌리게 된다. 사람과 사람 사이에서 내가 주도권을 쥔다는 것은 상대방을 억지로 끌어오는 것이 아니라 자연스럽게 끌려오게 하는 것이다. 매력적인 사람이 되는 것보다 더 좋은 주도권 확보의 방법도 없다.

재상 공손교의 유언

『춘추좌씨전』에는 엄격함과 관대함이 어떻게 서로 균형과 조화를 이뤄야 하는지에 관한 다음과 같은 이야기가 등장한다.

춘추시대 정나라에는 공손교(公孫喬)라는 재상이 있었다. 그는 생천에 정치를 하면서 귀족들의 권력을 타파했고, 여러 제도를 개혁해서 나라의 기틀을 잡은 훌륭한 인물이었다. 그런데 나이가 들어 병이 찾아왔다. 그는 자신이 죽으면 뒤를 이을 대숙(大叔)을 불러 이렇게 말했다.

"불은 뜨겁기 때문에 백성들은 그것을 보고 무서워하게 마련이오. 하지만 불을 보는 것만으로 죽는 일은 없소. 반대로 물은 약한 것이어서 사람들이 친근하게 여겨서 가지고 놀기 때문에 죽는 일이 많소. 관대한 정치로 백성을 설복할 수는 있지만, 관대함만 가지고는 백성을 굴복시키기는 어려운 일이오."

이 말을 하고 몇 달 후 공손교는 세상을 뜨고 대숙이 정치를 도맡았다. 하지만 마음이 모질지 못했던 그는 엄격한 정치를 하지 못하고 관대한 정치를 이어 나갔다. 그 결과 도둑이 많아지고, 심지어 살인 사건도 빈번했다. 이에 대숙은 관대하게만 정치한 것을 후회하고 이후 군대를 파견해 도둑과 살인자를 엄하게 처벌했고, 이윽고 범죄가 줄어들었다. 이에 대숙은 이후에도 엄격한 정치를 이어 나갔다.

이 이야기에 대해 공자는 이렇게 이야기했다.

"옳도다. 정치가 관대하고 후덕해지면 백성들이 경박해지는데, 백성들이 경박해지는 것을 바로잡으려면 엄격함으로 다스려야 한다. 하지만 엄격한 정치는 백성들을 해치는데, 백성이 해침을 당하면 관대함을 베풀어야 한다. 관대함으로써 엄격함을 조절하고, 엄격함으로써 관대함을 조절하면 정치는 이로써 조화를 이루게 된다."

이 이야기에서 유래한 관맹상제(寬猛相濟)라는 말은 '관대함과 사나운 것이 서로 돕는다'라는 의미이다. 이와 비슷한 말로 강유겸전(剛柔兼全)이 있다. 강함과 부드러움을 겸해야 온전해진다는 의미이다. 이러한 말들은 모두 역동성과 연결되어 있다. 관대함과 부드러움, 엄격함과 강함 그 자체가 중요하기보다는 이 둘을 얼마나 역동적으로 잘 활용하는지가 중요하다.

강함이 있기 위해서는 부드러움이 있어야 한다

병법을 논하는 『삼략(三略)』에서도 이렇게 조언하고 있다.

"부드러움이 필요할 때는 부드러움을 베풀고, 단단함이 필요할 때는 단단함을 시행하고, 약함이 필요할 때는 약함을 보여주고, 강함이 필요할 때는 강함을 써야 한다. 장수는 단단함과 부드러움, 강함과 약함을 적절하게 섞어 가며 때와 상황에 따라 움직여야 한다."

'부드러운 것이 강한 것을 이긴다'라는 말이 있지만, 여기에서의 부드러움이란 자신을 낮추거나, 매우 유연한 태도를 말하는 것이지 약한 것을 의미하지는 않는다.

미국 시카고대학의 스티븐 카플란(Steven Kaplan) 교수가 약 300명의 CEO를 연구한 결과, 현장의 CEO들에게는 매우 다양한 능력이 필요한데, 특히 부드러움과 함께 강한 전투력을 갖춰야만 회사의 성과를 높인다는 사실을 밝혔다.

다만 이러한 강함과 부드러움을 적용할 때는 순서를 지킬 필요가 있다. 이는 사람들의 심리와 밀접하게 연관되어 있기 때문이다.

『채근담』에는 이러한 적용의 순서에 따라서 사람의 심리가 어떻게 변하는지를 잘 설명해 준다.

"은혜는 가볍게 시작하여 무겁게 나아가라. 먼저 무겁고 나중에 가벼우면 사람들은 은혜를 잊어버린다. 위엄은 엄격하게 시작하여 관대함으로 나아가라. 먼저 너그럽고 나중에 엄격하면 사람들은 혹독함을 원망한다."

이질적인 것의 공존이 만드는 매력

흥미로운 사실은 강함과 부드러움이 공존하는 사람은 누군가를 매력적으로 끌어당길 가능성이 매우 크다는 점이다.

우리는 왜 잘생긴 남자, 혹은 예쁜 여자를 좋아하는 것일까? 외모로만 사람을 판단하면 안 된다는 사실을 알고 있음에도 우리는 외모 그 자체에서 매력을 느낀다. 하지만 이는 사람들의 잘못된 습관이 아니라 사실은 엄밀한 과학적 결과이다. 잘생기고 예쁜 얼굴은 사람들에게 일정한 정서적 가치를 부여하고, 보는 사람에게 이득을 느끼게 한다. 마음이 편해지거나 기분 좋게 들뜨게 하고, 미적인 감성을 충족시켜 준다. 그러니 이러한 이득을 주는 사람에게 끌릴 수밖에 없다.

강하면서도 부드러운 모습을 동시에 갖추는 것 역시 보는 사람들에게는 이득으로 작용한다. 만약 강한 사람과 함께한다면, 나는 그 강함을 통해서 이득을 얻을 수는 있다. 하지만 그에게는 부드러움이 없기 때문에 나는 부드러움으로 인한 이득은 얻지 못한다. 하지만 강함과 부드러움을 동시에 가지고 있는 사람이라면 나는 강함은 물론, 부드러움으로 인한 이득도 얻을 수 있다. 한마디로 '원 플러스 원(1+1)'이니, 이런 사람에게 더 매력을 느낄 수밖에 없다.

우리는 매력이라는 것을 막연하고 추상적인 것으로 생각하곤 하지만, 결국 그것은 인간의 본능에 기반한 과학일 뿐이다. 그리고 이러한 매력은 내가 상대방에 끌려가는 것이 아니라, 상대방을 나에게 끌어오기 때문에 늘 영향력이 더 크며 자연스럽게 주도권을 쥘 수가 있다.

이제 당신의 양손에 강함과 부드러움, 위엄과 관대함이라는 두 종류의 무기가 있다고 생각하자. 적절한 힘 조절과 순서에 따른 사용은 군림이 아닌 매력으로 작용하며, 그 결과 당신이 세상에 끌려가는 것이 아니라 세상을 당신 쪽으로 끌어올 수 있을 것이다.

흔들리는 것은 깃발이 아니라
당신의 마음일 뿐이다
반응과 대응 사이, 성장과 행복의 선택지가 있다

"입은 꿀처럼 달콤하지만,
뱃속에는 무서운 칼을 가지고 있다."

"삶은 속도가 아니라 방향이다"라는 말이 있다. 서둘러 가기보다는 정확한 목표를 설정하고, 지치지 않고 전진해야 한다는 의미이다. 같은 맥락에서 이런 말을 할 수 있다.

"삶은 자극이 아니라 반응이다."

내 삶에 어떤 일이 생기는 것 자체를 피할 수는 없다. 중요한 것은 그것에서 내가 어떤 반응을 하는지가 삶의 방향을 꺾는 결정적인 포인트가 될 수 있다.

심리학자, 심경학자이자 홀로코스트의 생존자였던 빅터 프랭클(Viktor Emil Frankl)은 "자극과 반응 사이에는 공간이 있다. 그 공간 안에는 우리가 선택할 수 있는 힘이 있다. 그 선택이 우리의 성장과 행복에 직접 관련이 되어 있다"라고 말했다. 그래서 "인생에서의 자극은 10퍼센트에 불과하고, 나머지 90퍼센트는 반응에 달려 있다"라는 말도 있다. 이러한 이야기들은 충분히 진리인 것처럼 여겨지기에 또 앞으로 나에게 좋지 않은 일이 생긴다고 하더라도 그것을 잘 컨트롤할 수 있겠다는 자신감이 생기기도 한다.

하지만 여기에서 우리는 한 걸음 더 들어가서 '반응'이라는 것과 '대응'이라는 것도 구분할 필요가 있다. '반응'은 매우 즉각적이고 감정에 기반하기 때문에 주도권의 측면에서 보면 손해가 있을 수 있다. 반면, 보다 치밀한 전략으로 '대응'하게 되면, 상대방과의 감정 충돌 없이 나의 주도권을 유지하는 훌륭한 결과를 만들 수 있다.

홍수에 대한 소와 말의 다른 반응

'소는 살고 말은 죽는다'라는 의미의 우생마사(牛生馬死)라는 사자성어는 동일한 상황에서도 그 반응에 따라 결과가 달라진다는 점을 잘 보여준다. 땅 위의 소는 매우 느릿느릿하고, 심지어 달리는 일도 거의 없기 때문에 시속이 어느 정도인지 가늠이 되지 않을 정도다. 반면 말은 시속 60~70킬로미터의 속도로 달릴 수 있다. 하루에 천리를 달린다는 천리마(千里馬)도 결코 허풍은 아니다. 천리는 지금의 400킬로미터이므로, 하루 6~7시간 정도만 달려도 충분히 완주할 수 있다. 중간중간 쉰다고 해도 하루에 주파하기 그리 어렵지 않다.

그런데 문제는 땅 위가 아닌 물 속에서이다. 홍수가 나서 말이 물에 잠기게 되면 다리를 빠르게 놀려 마치 땅 위에서처럼 달리려고 한다. 하지만 그렇게 허우적대다가 얼마 가지 않아 힘이 빠져 죽게 된다. 반면 소는 아예 달릴 엄두도 내지 못한 채 떠내려가다가 물이 얕은 곳에 닿으면 그저 느릿느릿 다시 육지로 올라와 생존한다.

이러한 반응의 차이는 인간 사회에서도 얼마든지 발생한다. 비슷하게 어려운 상황에 처해도 누군가는 신세를 한탄하고 가혹한 운명을 탓하면서 자신을 잃고, 결국 말처럼 힘이 빠져 재기의 기회를 잡지 못한다. 하지만 누군가는 유난스러운 모습을 보이지 않고 그저 묵묵히 살아가면서 어느 순간 어려움에서 자연스럽게 빠져나오기도 한다. 주어진 상황에 어떻게 반응하느냐는 과정을 지배하고 결과를 좌우할 수 있다.

여기에서 더 나아가 '반응'만이 아니라 이성적 능력을 결합한 온전한 '대응'을 하게 되면 좀 더 원하는 결과를 주도적이고 치밀하게 만들어 낼 수 있다. 대응은 즉각적인 반응을 멈추고 전략적인 관찰과 그에 따른 대안이 총체적으로 결합한 것이라고 할 수 있다.

이임보의 탁월한 전략

인간은 주변의 갑작스러운 공격에 처하게 되면 이른바 '반응성 모드(Reactive mode)'라는 상태로 진입하게 된다. 자신을 공격하는 상대를 빠르게 다시 공격하거나, 아니면 위험에서 벗어나기 위해서 신속하게 회피하는 일이다. 이성적이고 차분한 대응 자체가 쉽지 않다는 이야기다. 그러나 이런 식의 반응성 모드에만 젖어 있으면 급기야 사람과 사람 사이의 충돌은 극에 달하고, 일 전체를 망칠 수도 있다. 그리고 이 과정에서 주도권은 온데간데없이 사라질 뿐이다.

위나라의 역사를 기록한 역사책인 『위략(魏略)』에는 가혹한 관리들에 관한 이야기만 따로 모은 「가리전(苛吏傳)」이 있다. 여기에 왕사(王思)라는 인물이 등장한다. 그는 젊은 시절에 능력이 출중해서 꽤 높은 관직까지 올랐다. 그런데 점점 나이가 들면서 이상하게 성질이 고약해지고 고집불통으로 변하기 시작했고, 성미도 급해졌다.

하루는 그가 붓으로 글을 쓰고 있는데 파리가 붓끝에 올라앉았다. 한두 번 손을 휘저어 날려 보냈지만 파리는 또다시 되돌아왔다. 이에 갑자기 화가 머리끝까지 난 왕사는 붓을 내동댕이치고, 발로 밟아서 망가뜨리고 말았다. 이런 모습을 본 주변 사람들은 황당할 수밖에 없었을 것이다. 그리고 그가 아무리 높은 관직에 있다고 한들, 겉으로만 충성스러운 모습을 보일 뿐 마음으로 존경하기는 힘들었을 것이다. 결국 그는 외부의 자극에 대해 신경질적이고 감정적인 반응만 함으로써 오히려 부하들에 대한 주도권을 완전히 잃었다고 볼 수 있다.

'반응'의 상태에서 '대응'의 상태로 나아가기 위해 가장 먼저 해야 할 일은 바로 감정적 동요를 멈추는 일이다. 상대방이 나에게 화를 내거나 짜증을 부리거나, 이해하지 못할 행동을 하면서 나를 자극하더라도 일단은 감정을 최대한 자제하고 전략을 짜는 이중적인 면모를 취해야 한다. 그것은 마치 얼굴에는 웃음을 머금지만, 속으로는 칼을 품고 있는 형상이라고 할 수 있다. 이를 가장 잘 나타내주는 말이 '입은 꿀처럼 달콤하지만, 뱃속에는 무서운 칼을 가지고 있다'라는 의미의 구밀복검(口蜜腹劍)이다. 물론 이는 누군가를 속이기 위한 나쁜 전략을 말하지만, 직접적인 감정을 드러내지 않고 자신의 목표를 위한 수단과 방법을 강구한다는 점에서는 권장할 만한 하나의 방법이라고 할 수 있다. 특히 웃음을 띤다는 것은 상대방을 안심시키고 내가 시간을 벌 수 있는 최적의 방법이다.

흔들리는 것은 나의 마음일 뿐이다

이러한 전략을 매우 잘 활용했던 사람이 바로 당나라 시절의 간신이었던 이임보(李林甫)였다. 그는 필요할 때라면 언제든 사람들을 제거하곤 했는데, 그때 활용한 방법이 바로 구밀복검이다.

일단 그는 황제 앞에서 충성스러운 태도로 누군가를 한껏 추켜세우며 추천한다. 그리고 처음에는 늘 웃는 얼굴로 대하면서 그 사람을 안심시킨다. 이후 이임보의 본격적인 배신이 시작되고, 온갖 음모를 꾸며서 상대방을 제거한다. 이렇게 하면 황제는 감히 이임보가 그렇게 했다는 사실을 예상하지 못하고,

제거당하는 상대방 역시 설마 이임보가 그렇게 할지 예상하지 못한 상태에서 당하게 된다.

우리는 좋은 방면에서 이러한 전략을 활용해야 한다. 그래야만 감정을 표출하는 반응을 멈추고 원하는 결과를 끌어내는 대응을 할 수 있기 때문이다.

감정을 조절하는 데 도움이 되는 이야기가 있다.

일본 에도시대에 쌀거래를 통해 경제를 좌지우지했던 혼마 무네히사(本間宗久)라는 거상이 있었다. 초창기 그는 거듭되는 실패로 빈털터리가 되어 산으로 숨어들었다. 그때 한 주지스님과 만났는데, 스님이 담 너머에 펄럭이는 깃발을 가리키며 "자네는 저 깃발이 왜 흔들린다고 생각하나?"라고 물었다. 별로 의미 없는 질문이라고 생각한 혼마는 건성으로 "바람이 부니까 흔들리는 거겠죠"라고 말했다. 하지만 스님은 전혀 다른 말을 했다.

"저 깃발이 흔들리는 것은 자네의 마음이 흔들리기 때문이네."

혼마는 이 말에서 큰 깨달음을 얻었다. 이후 그는 과거 자신이 했던 여러 거래를 떠올렸다. 그 모든 실패의 원인은 거래 그 자체에 있지 않았다. 자신의 마음이 너무 급하거나, 욕심을 부리거나, 혹은 지나치게 경계하는 마음 때문에 실패했다는 사실을 깨달았다. 거래가 흔들린 것이 아니라 마음이 흔들렸던 것이다. 이후 그는 자신의 감정을 조절하여 '투자의 신'이 될 수 있었다.

꿀처럼 달콤한 입, 더없이 평화로운 표정을 유지해 나가기 위해서는 우리도 이런 자세가 필요하다. 상대가 왜 그렇게 하는지, 그 이유가 무엇인지, 무엇이 필요하고, 어떤 것을 바꾸면 상대방과 나의 문제가 해결되는지를 파악해야 한다. 그렇지 않고 감정적인 반응만 하게 되면 갑론을박(甲論乙駁)의 말싸움밖에 되지 않아 그 어떤 문제도 해결되지 않는다. 상대방도 힘들고, 나도 힘들 뿐인 일을 자초할 필요가 있을까? 감정적 반응으로 끌려가지 말고 이성적 대응으로 중심을 잡자. 그러면 문제 해결의 주도권을 내 손으로 쥐며 원하는 방향으로 요리할 수 있을 것이다.

인간관계, 기대는 오버이고 예의는 지능이다

'좋은 사람' 되려다 '쉬운 사람' 되는 이유

PART 3

intro

예상했던 것과는 전혀 다른 결과가 펼쳐지는 일이 종종 생긴다. 인간관계에서는 특히 더 그렇다. 좋은 마음에서 잘 대해주었지만, 엉뚱하게 내가 이용당하거나 무시당하는 황당한 일도 벌어진다. 반대로 좋은 기회라고 생각되어 내가 먼저 접근했지만, 오히려 그것이 나를 호구로 만들어 버리는 일도 생긴다. 하지만 이런 일이 생긴다고 해서 인간관계를 아예 끊을 수도 없는 노릇이다.

중요한 점은 결국 문제의 핵심은 나에게 있는 것이지 상대방에게 있는 것은 아니라는 점이다. 주도권도 없는 상태에서 무조건 남에게 잘해주려고 하다가 오히려 역으로 이용당하고, 확실히 장악해서 관리할 능력도 없는 상태에서 무조건 미끼를 무는 것이 문제다. 특히 상대에 대한 과도한 기대와 이익에 현혹되어 내 함정을 스스로 파기도 한다.

또 나에게 해주는 칭찬에 순식간에 현혹되어 그 뒤에 있는 어두운 속내를 잘 보지 못하는 경우도 생긴다.

공자는 이런 말을 했다.

"사람 마음은 험하기가 산천보다 거칠고, 알기는 하늘보다 더 어렵다."

험하고 알기도 어려운 그 사람의 마음을 훤히 꿰뚫어 보고 완전히 내 쪽으로 끌어오기 위해서는 일단은 감추고, 숨기고, 현혹되지 않으면서 조심스럽게 그 작동의 근본적인 원리를 알아야만 한다.

미끼를 물지 않으면
낚인 물고기 신세가 되지 않는다
지능적인 예의를 지켜서 나에 대한 관심을 유지해야 한다

"그루터기를 지키며 토끼를 기다린다."

"사람에 대한 기대치를 낮추면 실망감도 줄어든다."

누구나 고개를 끄덕일 수 있는 말이며, 인간관계에 충분히 도움이 되는 교훈이다. 그런데 이 '기대'라는 것을 좀 더 심층적으로 들여다봐야 한다. 기대를 갖지 말아야 하는 이유는 단지 실망감을 낮추기 위해서만은 아니기 때문이다. 더 중요한 것은 기대가 매개체가 되어 내가 상대방에게 종속되는 일을 막아야 한다는 점이다. 그것은 마치 미끼를 탐내다가 낚싯바늘에 꿰인 물고기 신세와 다르지 않다. 이런 상태의 물고기는 그간 자유롭게 물속을 헤엄치던 삶의 평온과 주도권을 완전히 낚시꾼에게 넘긴 신세가 된다. 애초에 미끼에 대한 유혹을 떨칠 수 있었으면 앞으로도 평생 자유로웠을 것을, 한순간 유혹된 결과는 안타까울 따름이다.

사람에게 쓸데없이 기대하지 말아야 한다는 사실을 알면서도 자꾸 기대하게 되는 것은 일련의 과정이 짜릿한 경험을 선사하기 때문이다. 마음속에 품었던 생각이 현실이 되는 경험, 나의 부족했던 무엇인가가 극적으로 채워지는 경험은 분명 우리를 자극하는 행복의 요소이다. 그래서 자꾸 경험하고 싶어진다. 그런데 너무 기대하지 않는 것도 사실 나에게 불리하게 작용한다. 기대가 줄면 관심도 줄기 때문에 상대방의 불만을 야기할 수도 있으며, 동시에 나에 대한 상대방의 관심도 줄여서 인연이 다할 수도 있다. 그래서 우리에게는 기대를 줄이면서도 동시에 인연을 놓치지 않는 이중의 전략이 필요하다.

기대가 충족되어도 수고로움의 총량은 제로다

『한비자(韓非子)』에는 기대라는 미끼에 걸려 자신의 소중한 농사를 망쳐 버린 한 어리석은 농부에 관한 이야기가 나온다.

춘추시대 송나라에 한 농부가 살고 있었다. 그는 늘 성실하고 부지런하게 일하는 사람이라는 평을 받고 있었다. 그런데 어느 날 풀 속에서 토끼 한 마리가 뛰쳐나와 전력으로 달리더니 밭 가운데의 그루터기에 부딪혀 죽는 일이 발생했다. 횡재라고 느낀 농부는 이 토끼를 가져다 가족들과 맛있게 먹다가 한 가지 깨달음을 얻었다.

'토끼가 저절로 쫓아와 죽는데, 날마다 열심히 일만 했으니 난 정말 바보였구나!'

농부는 다음 날부터 농사일을 접고 그루터기 앞에서 토끼가 죽어 나가기만 바라고 있었다. 그러자 그가 일구던 밭은 어느덧 잡초만 무성해 더 이상 농사를 지을 수 없게 되었다. 이 모습을 본 주변 사람들은 그를 어리석다고 놀리기 시작했다. 이 이야기에서 탄생한 고사성어가 '그루터기를 지키며 토끼를 기다린다'라는 의미의 수주대토(守株待兎)이다.

이 농부가 어리석어진 이유는 간단하다. 한 번의 횡재에 불과했던 일이 계속해서 생길 것이라는 기대를 했기 때문이다. 결국 타인에 대한 기대는 '희망 섞인 바람'일 수도 있지만, 동시에 '미끼'의 성격을 가지고 있음을 반드시 알아야 한다. 내 마음을 유혹해서 낭패를 겪게 만들 수 있다는 사실을 분명히 알아야 한다는 점이다.

기대의 또 다른 속성을 보여주는 조삼모사(朝三暮四)에 관한 이야기도 있다.

송나라 때 원숭이를 기르던 한 노인이 있었다. 형편이 어려워져서 원숭이들에게 주는 도토리의 배급량을 줄여서 아침에 3개, 저녁에 4개를 주기로 했다. 하지만 원숭이들은 격하게 반발했다. 이에 어쩔 수 없이 노인은 반대로 아침에 4개를 주고 저녁에 3개를 주기로 하자 원숭이들은 매우 흥겨워했다. 총량은 7개로 똑같음에도 불구하고 원숭이들은 아침에 한 개를 더 받는 것을 좋아했다.

사실 기대도 이와 비슷하다. 설사 내가 누군가에게 기대하고 그것이 충족된다면 그것으로 끝일까? 그렇지 않다. 기대와 그로 인한 충족은 상호작용이다. 누군가가 내 기대를 충족해 주면, 나도 상대방의 기대에 부응해 주어야 한다. 그래서 원숭이에게 주는 도토리의 총량이 이러나저러나 7개뿐인 것처럼,

서로 주고받는 기대와 그것을 이뤄주기 위한 수고로움을 따지면 어차피 총량은 0이다.

기대에 대한 기대를 내려놓는 방법

기대는 상당히 유혹적이기 때문에 생각이 많아지면 오히려 그것에서 벗어나기 쉽지 않다. '장고(長考) 끝에 악수(惡手)를 둔다'라는 말이 있다. 바둑이나 장기를 둘 때 충분히 생각한 뒤에 또다시 한 수를 두었지만, 결국 그것이 자신을 패배로 이끈다는 말이다. 이는 너무 세세한 것에 집착하다 큰 그림을 보지 못하기 때문이다.

기대도 마찬가지다. 여기에는 상대로부터 얻을 이익이 포함되어 있어서 그 이익을 포기하지 않으려다 보니 역시 작은 것에 집착하게 되고, 결과적으로 기대를 내려놓지 못하게 된다. 그래서 여기에서는 생각의 과정을 아예 생략하는, 과격하면서도 간단한 방법이 필요하다. 불교에서 말하는 방하착(放下着)이 그것이다. 글자 그대로 의미를 풀어보면 '아래로 붙어 버릴 수 있도록 내려놓다, 혹은 내쫓아 버린다'이다. 여기에는 다른 복잡한 과정이 필요 없다. 그냥 툭 하고 손을 놓아 버리면 된다.

기대의 결과 내가 얻을 이익을 생각하는 순간, 문제가 복잡해지고 기대를 끊어내지 못한다. 이에 대해 성철 스님은 마치 뜨거운 냄비를 자신도 모르게 잡았을 때 "앗, 뜨거" 하며 냄비를 떨어뜨리듯, 집착을 내려놓으라고 조언했다.

상대방에 대한 기대를 멈추면 미끼에 유혹당하지 않고 곤란에 빠지지 않는다는 장점이 있지만, 한 가지 큰 단점이 있다. 바로 상대방에 대한 기대치를 너무 낮추면 상대방은 자신에 대한 관심이 없어졌다고 생각해서 관계가 멀어질 수 있다는 점이다. 남녀가 연애를 하게 되면 상대방에 대한 기대가 상당히 높아지고, 그 결과 실망하고 싸우는 일이 빈번하게 일어난다. 그렇다면 '전혀 기대가 없는 연애'라는 것이 가능한 일일까? 사실 '그럴 거면 뭣 하러 연애를 하냐?'라는 말이 나올 법하다.

다른 인간관계도 마찬가지다. 기대가 있어야 자주 연락도 하고, 서로 관심을 보이면서 더 가까워지게 마련이다. 기대가 없는 무심한 관계는 결국 시간이 흐르면서 자연스럽게 서로 멀어지는 결과를 만들어 낸다.

예의는 도덕이 아닌 스킬과 노하우

그래서 필요한 것이 바로 예의라는 지능이다. 보통 예의는 우리가 살면서 지켜야 할 도덕률 정도로 여겨지지만, 사실은 원활한 관계를 위한 스킬과 노하우에 더 가깝다. 그러니 이는 도덕의 범주에 속한다기보다는 지능의 범위에 속한다고 봐야만 한다. 상대방에게 먼저 전화를 하는 예의는 관계를 이어가는 지능적인 행위이며, 안부를 묻거나 과거에 진행했던 일의 여부를 물어서 관심을 표하는 예의도 결국은 '나를 잊지 말아 주세요'라는 지능적인 행위이다. 가끔 우리는 "그냥 예의상 한 거야"라는 말을 사용하면서 특별히 자신의 진심이 담겨 있는 것은 아니라는 점을 어필한다. 하지만 당신에게는 '예의상'일지 모르지만, 상대는 진심으로 받아들일 수 있다.

사실 예의란 일종의 '가짜 화폐' 구실을 한다. 가짜지만 화폐는 화폐인 셈이다. 내가 아무리 '예의상' 하는 일이라고 하더라도 상대방에게는 그것이 진짜로 여겨질 수 있다. 내가 진심의 속내를 드러내지 않은 이상, 그 누구도 그것이 진짜인지 가짜인지 알 수 없다. 따라서 아무리 '예의상'이라고 하더라도, 일단 '예의'가 들어가기 때문에 충분히 자신만의 역할을 수행해 낸다. 다만 이런 예의상인 행동은 너무 과하지만 않으면 된다.

옛사람은 과도한 예의를 '예의가 아닌 예의', 즉 '비례(非禮)'라고 보았다.

    이제는 기대에 대한 기대를 접어 보면서 살아가자. 미끼를 물어 내 주도권을 빼앗기는 일이 없을 것이다. 다만 지능적 예의, 예의상의 예의를 확보해서 관계를 이어 나가면 충분한 일일 것이다.

저항하는 불편함을 외면하면
당해도 싼 만만한 사람이 된다
무시당하지 않는 을(乙)이 되기 위해

"이 벌레는 앞으로 나아갈 줄만 알고
물러설 줄 모르고,
제힘도 모르고 가볍게 적에게 덤벼듭니다."

누군가가 나를 함부로 대하는 것만큼이나 기분 나쁜 일이 있을까? 의견을 묻지도 않은 채 무엇인가를 결정하고, 아랫사람처럼 부리려고 하고, 그에 따른 보상도 제대로 하지 않는다면 이를 참기는 무척 어렵다. 문제는 이러한 불쾌감도 그저 참고 지내는 사람이 적지 않다는 점이다. 특히 자신의 사회적 위치가 을(乙)이라고 여긴다면, 어쩔 수 없이 감내해야 하는 일이라고 생각하기도 한다. 더 나아가 '어차피 해봐야 내가 질 싸움인데 뭐 하러?'라고 생각하면 아예 싸울 용기조차 내지 못할 수도 있다. 하지만 이 세상의 모든 을이 무작정 무시당하지는 않는다. 중요한 것은 내가 을이기 때문에 무시당하는 것이 아니라 내가 지레 겁먹고 먼저 포기하기 때문에 만만해 보이는 것이다. 또 그렇게 만들어진 나약한 이미지로 인해 나를 이용하려는 사람들이 계속해서 나를 좌지우지하려고 시도한다는 점이다.

　　이러한 문제를 극복하기 위해서는 '지는 싸움에 나서는 용기'를 가져야 한다. 어차피 질 싸움이라면 나에게 패배감과 상처만 안긴다고 생각할 수도 있다. 더구나 상대방에게 패배한 모습을 보여주면 오히려 자신을 더 무시하지 않을까 생각할 수도 있다. 하지만 '지는 싸움'이 주는 효과는 생각보다 강하다. 그 패배의 과정을 통해서 이제까지 발견하지 못했던 나의 새로운 모습을 확인할 수 있는 것은 물론이고, 결코 쉽게 꺾이기만 하는 사람은 아니라는 이미지로 상대의 간담을 서늘하게 할 수 있기 때문이다.

사마귀와 호랑이의 공통점

조선시대 우리 문인들도 탐독했다는 동양고전인 『한시외전(韓詩外傳)』에는 제나라의 장공(莊公)과 사마귀에 관한 이야기가 나온다. 장공이 어느 날 사냥을 하기 위해 수레를 타고 집을 나서는데, 갑자기 사마귀 한 마리가 나타나 앞발을 들고 수레바퀴를 공격하려는 자세를 취했다. 이에 장공이 마부에게 "이것은 어떤 벌레인가?"라고 물었다. 마부는 "이것은 사마귀라고 하는 것입니다. 이 벌레는 앞으로 나아갈 줄만 알고 물러설 줄 모르고, 제 힘도 모르고 가볍게 적에게 덤벼듭니다"라고 말했다. 그러자 장공은 이렇게 말했다.

"이 벌레가 만약 인간이었다면 틀림없이 천하의 용사가 되었을 것이다."

당랑거철(螳螂拒轍)이라는 고사성어를 탄생시킨 이 이야기는 두 가지 의미를 담고 있다. 하나는 어리석은 사마귀의 무모함, 그리고 또 하나는 죽음을 무릅쓰는 사마귀의 용감함이다. 이것이 무모함이든 용감함이든, 중요한 것은 일종의 '저항정신'을 나타내고 있다. 장공은 사마귀가 수레바퀴를 이기느냐, 지느냐에 초점을 두지 않고 그 정신을 높이 사서 '인간이었다면 천하의 용사가 됐을 것'이라고 말했다.

『맹자(孟子)』에는 맨손으로 호랑이를 너무 많이 죽였지만, 이제 손을 씻고 덕을 쌓아 선비가 된 풍부(馮婦)라는 사내가 등장한다. 하루는 그가 들에 나가고 있었는데, 마을 주민들이 떼를 지어 호랑이 한 마리를 쫓고 있었다. 그런데 어느 순간 호랑이가 산모퉁이를 등에 지고 으르렁거리면서 버티고 있었다. 그러자 감히 주민들 중 그 누구도 가까이 다가서지 못한 채 고함만 지르고 있었고, 호랑이도 꼼짝하지 않고 맹렬하게 주민들을 노려보았다. 이 상황을 지켜보다 풍부가 주민들을 위해 맨손으로 호랑이를 잡았다. 여기서 유래한 부우완항(負隅頑抗)은 '산모퉁이를 등지고 완강히 저항한다'라는 의미이다.

사마귀와 호랑이는 그 힘에서는 엄청난 차이가 있겠지만, 중요한 점은 상대방과 대치하여 긴장하고, 저항하려는 불편함을 참지 않았다는 점이다. 사마귀야 살짝 비켜 수레바퀴 저 멀리 가버리면 그만이고, 호랑이 역시 산모퉁이를 가볍게 돌아 도망가 버리면 그만이다. 하지만 둘 다 버티고 경계했고, 끝내 '지는 싸움을 하는 용기'를 발휘했다. 그렇게 해서 사람들은 사마귀에게 '용맹함'이라는 이미지를 갖게 됐고, 모퉁이에서 버티고 섰던 호랑이의 기개를 잊지 않았다.

지는 싸움도 해야만 하는 이유

물론 싸움이나 저항은 이기기 위해서 하는 것이다. 하지만 자원과 힘이 부족한 을이 항상 이기는 것은 쉽지 않다. 그럼에도 우리가 지는 싸움도 해야 하는 이유는 나에 관한 새로운 발견을 하기 위해서이다. 일단 늘 이기는 싸움만 했을 때는 한 가지 편향에 빠지게 된다. 바로 '생존 편향(Survivorship bias)'이라고 하는 것이다. 이는 '성공한 경험만 가지고 상황을 분석할 때 생기는 오류'이다.

제2차 세계대전 당시 미국에서는 독일 폭격기와의 전투에서 살아 돌아온 폭격기를 분석하면서 더 효율적인 전투를 위한 대책을 연구했다. 그러다 총탄을 가장 많이 맞은 곳이 동체였고, 총탄을 가장 적게 맞은 곳은 엔진이었음을 알게 되었다. 이에 군대의 지휘부에서는 동체가 가장 많은 총탄을 맞았으니 동체를 보강하는 것이 전투에 유리할 것이라고 생각했다. 그런데 당시 연구를 함께했던 아브라함 왈드(Abraham Wald)라는 수학자는 정반대로 엔진을 보강해야 한다고 주장했다.

그 이유는 당시의 분석이 '살아 돌아온 폭격기'에 한정해서 연구했다는 점이다. 현장에서 추락한 폭격기는 아예 연구의 대상이 될 수 없었다. 바로 여기에 함정이 있었다. 객관적으로 하려면 살아 돌아온 폭격기와 추락한 폭격기를 동시에 놓고 분석해야 한다. 하지만 당시 군 지휘부는 이미 추락한 폭격기를 까맣게 잊고 눈앞에 보이는 살아 돌아온 폭격기만 대상으로 연구하는 오류를 저질렀다. 상식적으로 생각해도 폭격기가 더 오래 생존해서 적에게 더 많은 타격을 주기 위해서는 엔진이 보강되어야 함은 두말할 필요가 없다. 동체에 총탄이 많은 것은 당연히 면적이 넓으니 그럴 뿐이었다.

이러한 편향은 우리의 삶에서도 벌어진다. 늘 이길 수 있는 싸움만 하게 되면 상대의 약점에 비해 나의 강점을 알 수는 있다. 하지만 상대의 강점에 대한 나의 약점은 시야에서 사라져 버리게 된다. 그러니 도대체 나의 약점이 무엇인지조차 알 수 없다. 당연히 그것을 보강할 방법도 모른다. 이런 상태에서 피할 수 없는 상대와 싸움을 하다 지게 되면 돌이킬 수 없는 치명적 상처가 남는다.

누군가가 나를 만만하게 본다는 사실이 확실하다면, 상대가 얼마나 강한지 약한지를 가리지 말고 저항해야 한다. 내가 이기면 더할 나위 없이 좋겠지만, 그렇지 않아도 나는 충분히 얻을 것이 많다. 그리고 그것 자체로 내가 좀 더 강해지는 지름길이라는 사실을 알아야만 한다.

가치와 의미를 남기는 싸움

지는 싸움도 해봐야 하는 두 번째 이유는 그 과정에서 쉽게 좌우되는 사람이 아니라는 이미지를 만들 수 있다는 점이다. 언제나 겁만 먹으면 지레짐작해서 포기하고, 줏대 없이 이리저리 흔들리면 나를 이용하려는 사람은 나를 만만하게 보게 되고 언제든 자신이 주도권을 쥐고 흔들려고 한다. 이런 일이 한두 번 반복되면 그때부터는 악순환에 빠지게 된다. 한 번 해봤는데 만만하고, 두 번 해도 만만하면 그때부터는 일상이 된다. 비록 늘 지는 싸움이라고 하더라도 물러서지 않는 모습을 보인다면 '쟤는 만만한 사람이 아니야!'라는 인식을 주게 되고, 마음대로 하려는 생각을 줄이거나 포기하게 된다.

청나라 시대에 집필된 산문집 『고문관지(古文觀止)』에는 '견인불발(堅忍不拔)'이라는 말이 나온다. '굳게 참고 견디어서 마음을 빼앗기지 아니한다'라는 의미이다. 큰일을 해낸 사람들에게는 재주뿐 아니라 이 견인불발도 있어야 한다고 했다.

거세게 저항한다면 비록 지는 싸움이라고 하더라도 내 마음을 굴복하거나 빼앗기지 않는다. 그래도 나는 싸워 봤다는 '의미'를 남기고, 10전 9패를 해도 1승이라는 '가치'도 남긴다. 하지만 저항을 멈추면 가치도, 의미도 없는 그저 단순한 패배만 남길 뿐이다.

상대에 대한 판단,
들키기 전까지는 끝까지 숨겨라
노골적인 감정은 스스로를 왕따시키는 결과를 낳는다

"사람 마음은 험하기가 산천보다 거칠고,
알기는 하늘보다 더 어렵다."

어떤 면에서 사람은 '판단하는 존재'이기도 하다. 매 순간 주변 사물이나 나에게 일어나는 일에 대해 나름의 판단을 하고, 자신의 입장을 결정하고 유지한다. 그리고 이 과정에서 좋거나 싫은 감정까지 동시에 생긴다. 주변에 있는 사람에 대해서는 이런 판단과 감정이 더욱 빈번하고 강렬하게 발생한다. 문제는 우리가 그것을 너무도 자연스럽게 드러낸다는 점이다. 감정은 자체적으로 분출되는 힘이 있기 때문에 무의식적으로 발산되기 마련이다. 좋다는 판단이 들면 자신도 모르게 웃게 되고,

싫다고 판단되면 자신도 모르게 표정이 찡그려진다. 사소한 손짓 하나도 부드러워지거나 과격해질 수 있다.

문제는 이러한 감정의 노출이 상대방의 마음을 뒤흔들게 되고, 그 결과 나에게 불리한 행동을 유발하게 된다는 점이다. 상대방을 너무 좋아하거나 너무 싫어하는 감정이 드러나게 되면 그때부터 나의 주도권은 서서히 약해질 수밖에 없다. 그리고 주변 사람들은 나를 배제하거나 이용하려고 할 것이다. 이렇게 되면 내가 드러내는 감정으로 나에게 불리한 환경이 조성되는 것이다.

사실 사람을 판단하는 것은 매우 어려운 일이다. 상대방을 완전하게 안다는 것은 불가능에 가까운 일일 수도 있다. 따라서 이처럼 어려운 일을 가지고 쉽게 판단하고, 섣불리 감정을 갖고 과도하게 표현할 필요는 전혀 없다.

유비에게는 있었고, 조조에게는 없었던 것

『삼국지』 초반부에 제갈량이 유비에게 제안했던 '천하삼분지계(天下三分之計)'는 향후 유비의 중원재패에 큰 역할을 하는 전략이다. 그때만 해도 그저 변방의 조그만 성의 주인이었을 뿐인 유비에게 '천하를 3개로 나누어 그중 하나를 점령한 후 굳건하게 유지하라'는 조언은 무척 담대한 전략이 아닐 수 없다. 이렇게 되면 1:1:1의 세력이 형성되고, 어떤 한 편이 다른 편과 연합하면 곧바로 2:1이 되는 관계이다. 그러니 그 누구도 섣불리 나설 수 없게 된다.

이를 실천해 나가는 과정에서 매우 중요한 인물 한 명이 등장했으니, 그가 바로 장송(張松)이다. 그는 천하삼분지계를 위한 전략적인 요충지였던 익주의 사정을 누구보다 잘 알고 있었으며, 만약 누군가 익주를 공략하고자 한다면 매우 지혜롭고 충실한 작전 계획을 조언해 줄 수 있는 위치였다.

그는 유비를 만나기 전에 우선 조조를 만났다. 그런데 조조는 장송을 만난 자리에서 그를 능멸하는 말을 많이 했다. 무엇보다 장송의 외모가 심각하게 못났다는 점도 한몫 거들었다. 이마는 뭉툭하고 코는 약간 비뚤어져 있었으며 치아까지 약간 튀어나왔으니 비호감형에 가까웠다. 조조는 장송과 몇 가지 언쟁도 했거니와 그의 못생긴 외모까지 거슬려서 해서는 안 될 거친 말을 했다. 말투가 건방지다거나, 예의도 없고 무례한 놈이라든가, 심지어 막돼먹은 놈이라는 평가절하까지 해버리고 말았다. 한마디로 조조는 사람에 대한 자신의 판단과 감정을 거침없이 드러냈던 것이다. 결국 장송은 조조에게 익주를 점령할 비밀을 주지 않은 채 유비를 만나러 떠났다.

유비는 완전히 딴판이었다. 평소 유비가 인덕은 있지만 리더십이 부족하다는 이야기를 들었던 터라, 과연 그가 미래의 지도자가 될 자격이 있을지는 미지수였다. 하지만 막상 만나본 유비의 모습에 장송은 감탄하고 말았다. 맛있는 음식과 술로 거창한 술자리를 마련해 준 것은 물론이고, 자신은 덕이 매우 부족하고, 더 많은 땅을 차지하기에는 부족한 인물이며, 그것을 감당하기도 힘들다고 이야기했다. 결국 장송은 익주를 점령할 수 있는 비밀을 유비에게 주기로 결심했다.

조조와 유비의 차이점은 '장송을 어떻게 대했는가?'라는 부분에서 갈리지만, 본질적으로는 '사람에 대한 자신의 판단과 감정을 드러냈는가, 드러내지 않았는가' 하는 점이다. 장송의 외모에 대한 판단은 조조나 유비가 크게 다르지 않았을 것이다. 하지만 조조는 그것을 드러내면서 능멸했고, 유비는 그것을 감추고 환대했다.

긍정적 감정도 문제가 되는데…

나쁜 감정이 아닌, 좋아하는 감정을 지나치게 드러내는 것도 마찬가지의 결과를 낳게 된다. 나를 이용하려는 사람에게는 좋지 않은 빌미를 제공하는 셈이기 때문이다. 일반적으로 선한 사람이야 나를 좋아하면 나도 상대를 좋아하지만, 악의를 가진 사람이라면 이것을 이용하려는 생각을 하게 된다. 심지어 사람에 따라서는 이러한 상대방의 긍정적인 감정조차 불편하게 받아들이는 경우도 있다.

일본 MZ세대에게는 일명 '개구리화'라고 불리는 현상이 나타난다.* 누군가를 짝사랑했는데, 막상 그 사람이 자신에게 좋아하는 감정을 드러내면 오히려 짝사랑이 급격하게 식는 현상이다. 마치 청개구리처럼 상대의 마음과 반대의 마음을 가지는 심리적 현상을 지칭한다. 이는 단순히 '이상한 성격' 때문이 아니라 명확한 정신의학적 원인이 있다. 앞으로 둘의 관계에서 혹시나 생길 수도 있는 거절에 대한 두려움이 급격하게 마음을 식게 만든다. 심지어 '나 같은 하찮은 사람을 왜 좋아하지? 정말 실망이군!'이라고 여기는 사람도 있다.

이렇듯 누군가를 좋아하는 감정을 과도하게 드러내는 것도 때로는 문제이니, 싫어하는 감정을 드러내는 것은 두말할 필요 없이 문제가 된다. 결국 나의 감정으로 인해 수많은 '조조를

---

* 이슬비, "짝사랑 하던 사람이 '나도 좋아해' 하면 마음 식는 이유 [별별심리]", 헬스조선, 2023. 10. 26

만난 장송'을 계속해서 만들어 내는 꼴이라고 할 수 있다. 결국 이 과정이 계속되면 나는 집단 내에서 배제되고, 나의 입지와 주도권은 현저하게 줄어들 수밖에 없다.

심리학에서는 사람이 사람에 대해 하는 판단의 기준은 크게 두 가지라고 말한다. 하나는 똑똑함이나 박학다식한 '능력'이고, 또 하나는 인격적 차원에서의 '따뜻함'이다. 문제는 아무리 능력이 뛰어나다고 하더라도 따뜻하지 못한 사람에 대해서는 '나쁜 사람'이라는 결론을 내리게 된다는 점이다.* 결과적으로 최소한 상대방에 대한 나쁜 감정을 드러내지 않는 것만으로 우리는 '좋은 사람'이라는 평가를 받을 수 있다.

판단의 어원 중 하나는 '심판'

더 나아가 영어의 뿌리가 되는 그리스어에서 판단이라는 말은 '크리노(krino)'이다. 그런데 이 말에는 '비판, 정죄, 심판'이라는 의미가 동시에 담겨 있다. 즉 판단이라는 것 자체에 이미 다소간의 부정적인 의미가 담겨 있다. 그래서인지 사람은 누군가로

---

* 박진영, '[박진영의 사회심리학] 상대방의 의도를 공격하는 이유', 동아사이언스, 2018. 3. 24.

부터 자신에 대한 판단을 듣게 되면 은연중에 마치 자신을 비판하고 심판하는 듯한 느낌을 받게 된다. 이미 그 자체로 기분이 나빠질 수밖에 없다. 그래서 누군가는 "네가 뭔데 나를 판단해?"라고 반박하기도 한다.

『명심보감』은 이렇게 말한다.

"호랑이를 그릴 때 가죽은 그릴 수 있지만 뼈는 그리기 어렵고, 사람은 얼굴은 알지만 마음을 알지 못한다. 얼굴을 맞대고 함께 이야기는 하지만 마음은 천 개의 산으로 막혀 있다. 바다는 마르면 그 바닥을 볼 수 있지만, 사람은 죽어도 그 마음을 알 수 없다."

죽어서도 알 수 없는 사람의 마음을 살아서 알 수 있다고 생각하고 섣불리 드러내는 일은 분명 삼가야 할 것이다.

눈앞의 칭찬에 현혹되지 말고,
등 뒤의 험담을 조심하라
타인과는 수세적으로, 나 자신과는 공세적으로 친밀해져라

"묵묵하고 말이 없는 사람을 만나면
절대 속마음을 털어놓지 말아라."

사람과의 만남과 관계는 '이제까지 살아왔던 두 인생의 충돌'이기도 하다. 둘이 만나 불꽃이 튀며 인생이 더 흥미진진해질 수도 있지만, 자칫하면 거센 불길이 되어 서로를 잿더미로 만들기도 한다. 물론 아주 오랜 시간 검증된 사람이라면 보다 적극적인 관계를 맺어 나갈 수도 있겠지만, 그렇지 않을 때는 수세(守勢)적인 관계를 맺어 나가야만 한다. 이러한 수세적 인간관계는 수동(受動)적인 인간관계와는 다소 차이가 있다. 수동적 관계는 상대가 주도하며 내가 마지못해 응하는 관계이지만, 수세적인 관계란 '나를 지키면서 내가 원하는 만큼만 허락하는 관계'이다. 이는 '두 인생의 충돌'이라는 과정에서 자칫 상대방으로부터 올 수 있는 공격을 막기 위한 것이다. 처음에는 서로의 이성적인 면, 예의 바른 면, 상식적인 면만 보여준다. 하지만 시간이 흐르면서 서로에게 숨겨져 있던 무의식이 튀어나오고, 상대에게 겪었던 과거의 아픔이 공격적으로 상처를 준다.

시속 30킬로미터로 달려가는 자동차와 충돌하는 것과 150킬로미터로 달리는 자동차와 충돌하는 것에는 큰 차이가 있다. 수세적인 인간관계는 이러한 거침없는 충돌로 인해 서로가 다칠 수 있는 여지를 크게 줄여준다. 뿐만 아니라 충돌의 여지가 보이면 빠르게 피할 수 있는 시간적 여유까지 얻을 수 있다. 다만 이렇게 수세적인 관계에서 반드시 필요한 일은 바로 '나와 만나는 시간'을 좀 더 늘리는 일이다. 관계에서 생기는 여백을 나 자신의 존재로 채워 가면, 더 현명한 삶의 자세를 갖출 수 있기 때문이다.

자신이 받은 배려와 도움을 되돌아보라

명나라 시대의 진계유(陳繼儒)가 지은 『소창유기(小窓幽記)』는 매우 독특한 고전임에도 불구하고 국내에는 그리 많이 알려져 있지 않다. 조선시대 최고의 문인이자 개혁적이면서도 자유로운 삶을 살았던 허균이 매우 큰 관심을 가진 인물이 바로 진계유이며, 자신의 저서에 자주 인용하기도 했다.

진계유는 수백 권의 책을 지은 박학다식을 자랑하지만, 이미 스물여덟 살에 관직에 나가기를 거부하며 자유로운 삶을 추구했다. '작은 창으로 세상을 그윽하게 바라보는 이야기'라는 의미를 지닌 이 『소창유기』에는 수세적인 인간관계에 대한 몇 가지 지혜가 담겨 있다.

우선 진계유는 일반적인 상식의 '조금 뒤편'에서 관계를 이어 나가는 태도를 취하라고 권한다.

"남이 내 앞에서 칭찬하게 하기보다는 남이 나의 등 뒤에서 험담하지 않도록 하는 것이 낫고, 잠깐 사귀면서 좋아하기보다는 오래 함께 지내면서 싫어하지 않도록 하는 것이 낫다."

보통 사람 사이에서의 칭찬은 매우 흥겨운 기분을 선사한다. 그리고 이러한 칭찬은 사이를 더 돈독하게 만들고 관계의 진도를 빠르게 나아갈 수 있게 만든다. 하지만 진계유는 다르게 봤다. 칭찬까지는 너무 과도하고 그저 욕 먹지 않을 정도의 관계로 충분하다고 본 것이다. 거기다가 폭풍 칭찬으로 인한 급격한 친교보다는 싫어하지 않는 상태에서의 오랜 친교가 더 의미 있다고 본 것이다.

은혜란 타인에게 배려나 도움을 주는 일이라고 할 수 있다. 여기에서도 진계유는 마찬가지의 입장을 견지한다.

> "누군가의 환심을 사기 위해 남에게 은혜를 베풀기보다는 자신이 누군가에게 받은 은혜를 잊지 않고 되갚는 일이 훨씬 후덕하다."

누군가에게 배려나 도움을 준다면 둘 사이는 빠르게 발전한다. 환심, 말 그대로 '기뻐하고 즐거워하는 마음'을 끌어당길 수 있기 때문이다. 하지만 진계유는 이 부분에서도 조금 더 수세적인 입장을 취한다. 그러한 추진력을 얻기보다는 과거를 되돌아보아 오늘의 나를 있게 한 이를 다시금 떠올리라는 이야기다. 이러한 태도는 누구를 타이르거나 가르칠 때도 동시에 적용된다.

> "남의 잘못을 꾸짖을 때는 너무 엄하게 하지 마라. 그가 받아

들여 감당할 수 있는지를 생각해야 한다. 좋은 말로 남을 가르칠 때는 너무 고상하게 하지 마라. 그가 알아듣고 따를 수 있도록 해야 한다."

오늘날의 말로 하면 최대한 선을 넘지 않도록 해야 한다는 점이다. 강하거나 고상한 것이 중요한 것이 아니라 '딱 감당할 수 있을 정도', '충분히 고개를 끄덕이고 따를 수 있을 정도'만 하라는 이야기다.

조심스러움에 대한 조언

이러한 수세적인 인간관계는 조심성을 발휘하라는 조언에서 정점에 달한다.

"묵묵하고 말이 없는 사람을 만나면 절대 속마음을 털어놓지 말고, 발끈하고 성내며 자신만을 옳다고 여기는 사람을 만나면 모름지기 말조심해야 한다."

"높은 재능을 믿고 세상을 가지고 노는 자는 쥐도 새도 모르게 해침을 당할 것에 대비해야 하고, 어질고 후덕한 얼굴로 남을 속이는 자는 자기 앞에 바로 속을 훤히 꿰뚫어 보는 사람이 있음을 두려워해야 한다."

진계유에 따르면 누구를 만나든지 말조심해야 하고, 자신에게 어떤 능력이 있든 조심해야 한다. 가히 거침없는 질주 따위는 안중에도 두지 말고, 살얼음판을 걷는 듯한 관계를 해나가야 한다는 의미이다.

수세적인 인간관계의 마무리는 '검증'이라고 할 수 있다. 진계유는 또 이렇게 말한다.

"욕심 없고 깨끗한 절개는 모름지기 부귀와 호화의 유혹에서 시험되어 나와야 하고, 침착하고 차분한 절도 있는 행동은 번잡한 상황에서 검증되어 나와야 한다."

누군가를 판단할 때는 당장 눈앞에 보이는 것이 전부가 아니니, 반드시 시험하고 검증되어야 한다는 의미이다.

진계유의 수세적 인간관계에 대한 지혜는 좋은 사람이 되려다가 쉬운 사람이 되는 사람들에게는 안성맞춤의 조언이 아닐 수 없다. 대체로 쉬운 사람이 되는 일은 누군가에게 약점이 잡히거나, 칭찬에 혹해서 쉽사리 주도권을 넘겨주거나, 속마음을 털어놓아 자신의 사정을 전부 알릴 때 발생한다. 거기다가 상대방을 시험하거나 검증도 하지 않은 채 무턱대고 사귈 때 결국에는 쉬운 사람으로 전락하게 된다. 이제까지 살펴본 조언들은 모두 맥없이 쉬운 사람으로 전락하는 것에 대한 안전장치라고 할 수 있다.

나 자신과의 공세적 대화

하지만 이러한 인간관계는 하나의 단점이 있을 수 있다. 타인과의 교류가 줄어들어서 자신의 내면이 다소 빈약해질 수 있다는 점이다. 우리는 누군가와의 대화를 통해서 자신감을 얻기도 하고 위로를 받을 수도 있으며, 따뜻함을 느끼기도 한다. 때로는 타인의 확신에 찬 말이 나를 움직이기도 한다. 하지만 수세적인 인간관계는 바로 타인에 의한 긍정적 작용을 사라져 버리게 할 우려가 있다. 그러나 이러한 문제는 얼마든지 지혜롭게 극복하고 보완할 수 있다.

미국 일리노이대학에서는 자신과 하는 대화가 어떤 영향

을 미치는지를 연구한 바 있다. 운동에 대해 자신과 대화를 하면서 '좀 더 자주하라'거나 '더 잘할 수 있어'라고 격려하면 운동 계획의 실천과 운동 효과가 상당히 높아지는 것으로 나타났다. 영국 노팅엄트렌트대학에서도 자신이 현재 무엇을 하고 있는지, 어떻게 해야 하는지에 관해 자신과 대화를 하면 실수할 여지가 약 80퍼센트가량 줄어든다고 한다. 결과적으로 봤을 때 자신과의 대화는 매우 다양한 면에서 내면과 실제 신체적 능력에 영향을 미치게 된다.

심지어 사회적으로 처한 고통의 극복에도 효과가 있다. 로마 황제였던 마르쿠스 아우렐리우스(Marcus Aurelius)는 매우 곤경에 처한 시대를 살아갔다. 주변의 이민족 국가들은 호시탐탐 국경을 노렸고, 귀족과 병사들은 무기력하게 황제만 바라보고 있었다. 결국 그는 늘 정신적으로 극심한 피로를 느꼈지만, 그렇다고 이를 누군가에게 토로할 수도 없었다. 하지만 그는 늘 밤이면 자신과 대화를 했으며, 그 결과가 바로 『명상록』이라는 작품으로 탄생했다. 곳곳에는 삶의 불확실성에 대한 고통, 고독과 외로움에 대한 토로, 상실감과 피로감이 언급되어 있다. 하지만 자신과의 대화를 통해 그 모든 것을 극복했던 그는 '나라를 위해 헌신했던 명군'이자 '가장 고결한 황제'라는 명예를 얻을 수 있었다.

어떤 면에서 자신과의 이런 깊은 관계가 오히려 더 자아를 확장하고 성공의 길에 더 큰 디딤돌이 되어줄 수 있다. 결국 타인과의 관계는 내가 나 자신과 맺는 관계의 확장이다. 자신과는 공세적으로, 타인과는 수세적으로 관계를 맺어 나갈 때 보다 현명한 관계를 맺어 나갈 수 있다.

강이 바다로 흐르듯,
사람 마음도 언제나 이익으로 흐른다
가장 중요한 것은 '먼저' 제안해야 한다는 점이다

"왕은 백성을 하늘로 여기지만,
백성은 먹을 것을 하늘로 여깁니다."

사람을 움직이는 방법은 여러 가지다. 그중에서도 가장 확실한 방법은 공포감을 주거나, 혹은 정반대로 이익을 주는 일이다. 한마디로 채찍과 당근, 이 두 가지가 매우 효과적으로 작동한다. 이 두 가지 중에서 장기적으로 안정적인 것은 단연 이익을 주는 방법이다. 상대방이 나를 '이익이 되는 사람'이라고 여기게 되는 것보다 확실하게 주도권을 쥐는 방법도 그리 많지 않다. 하지만 이 쉽고 간단한 원리를 우리는 종종 현실에서 잊곤 한다.

이익은 언제나 희소성이 있기 때문에 상대방의 이익을 챙기다 보면 때로는 내가 손해를 볼 수도 있다고 생각할 수 있다. 하지만 이익은 단순히 '네가 가질 것이냐, 내가 가질 것이냐'와 같은 태도로 접근해서는 안 된다. 이렇게 되면 이익은 뺏고 빼앗기는 문제가 되어 서로의 충돌을 야기하고, 결국 혼란스러운 다툼이 이어질 뿐이다.

반대로 이익을 서로가 함께 서 있는 하나의 '거점(據點)'이라는 차원으로 접근하면 다른 결과가 생긴다. 이때부터는 뺏고 빼앗기는 문제가 아니라 서로 주고받는 것이 되며, 그 안에서 신뢰를 유지하면서 꾸준하게 도움이 된다.

이익에 있어서 또 하나 중요한 점은 상대방이 나에게 제안하기 전에 내가 먼저 제안해야 한다는 점이다. 보통 협상할 때 '네가 어떻게 하는지 보면서 내 태도를 결정하겠어'라고 생각하는 경우가 많다. 그래야 협상의 유리한 고지를 점령할 수 있다고 믿기 때문이다. 하지만 현실에서 오히려 나의 손해를 초래하는 경우도 생긴다.

이익과 행복을 주지 않으면 내가 주도권을 쥘 수 없다

『초한지』에서 유방과 항우의 전투가 이어질 때의 일이다. 전투에서는 늘 자신에게 유리한 형세가 펼쳐지지는 않기 때문에 어디를 지키고, 어디를 포기해야 할지를 결정해야 하는 일이 늘 생기곤 한다. 한 번은 유방이 상대적으로 우위에 있는 항우의 군대에 의해 압박받는 일이 있었다.

이때 유방은 자신이 차지하고 있던 성고성(成皋城)의 일부를 포기하는 것이 낫겠다는 판단이 들었다. 하지만 이 이야기를 들은 참모 역이기(酈食其)는 매우 초조한 마음이 들었다. 그는 성고성에 포함되어 있던 오창(敖倉) 지역이 앞으로 항우와의 전쟁에서 매우 중요한 거점이라는 점을 잘 알고 있었기 때문이다. 이에 그는 유방 앞으로 나아가 이렇게 말했다.

"하늘(天)이 하늘인 이유를 아는 사람은 왕의 대업을 이룰 수 있지만, 그렇지 못한 사람은 대업을 이룰 수 없습니다. 왕은 백성을 하늘로 여기지만, 백성은 먹을 것을 하늘로 여깁니다. 오창 지역은 천하의 식량이 저장되고 운송되는 지역입니다. 따라서 오창은 반드시 지켜야 합니다."

역이기가 했던 주장의 본질은 성안의 백성들이 가질 수 있는 식량이라는 이익을 지켜주지 않으면, 결국 백성들이 유방에게 등을 돌려 대업을 이룰 수 없다는 사실이다. 이 말을 들은 유방은 자신의 전략을 완전히 바꾸어 오창 지역을 지킬 것을 명령했다.

이 이야기에서 만들어진 말이 바로 민이식위천(民以食爲天)으로, '백성은 식량을 하늘로 여긴다'라는 의미이다. 우리나라 세종대왕도 같은 말을 했다.

"나라는 백성을 근본으로 삼고, 백성은 먹는 것을 하늘로 삼는다. 농사는 먹는 것의 근원으로서, 임금이 정치에서 가장 먼저 힘써야 할 것이다."

이렇듯 우리가 누군가와의 관계에서 가장 중요하게 생각해야 하는 것은 바로 나의 이익이 아닌, 상대방의 이익과 행복이다. 그래야 백성이 왕에게 순종하고 잘 따르듯, 상대방도 나를 순종하고 따르면서 궁극적으로 주도권을 내 손에 쥐여준다.

이익은 혼란의 시작

이는 자기 회사의 이익을 극대화해야 하는 기업 경영의 세계에서도 동일하게 적용된다. 미국에서 고급 슈퍼마켓의 대명사라고 하면 홀푸드마켓(Whole Foods Markets)을 들 수 있다. 매년 100퍼센트의 성장을 이루면서 기적 같은 성장을 해왔다. 한때 연 매출이 무려 20조 원에 달했으며, 이러한 놀라운 성장세에 힘입어 2017년에 아마존에서 인수하기도 했다. 그런데 이 회사의 남다른 성장에는 '고객의 이익'이라는 깨달음이 있었다.

1978년, 스물세 살의 창업자 존 맥키(John Mackey)는 친구와 가족들에게 빌린 돈으로 조그만 식료품 가게를 열었다. 하지만 얼마 가지 않아 일대에 큰 홍수가 났고, 그 결과 매장이 초토화되었다. 그때 단골손님들이 와서 매장을 복구하는 데 힘을 보탰고, 힘을 내서 영업을 재개하라고 북돋워 주었다.

큰 감동을 받은 맥키는 이후 '기업의 목적은 고객에게 행복을 주는 것'이라고 설정하고, 자신의 이익보다는 고객의 이익과 그로 인한 행복을 위해 노력했다. 이렇게 하니 고객들은 돈을 주고 물건을 사지만, 다른 곳보다 많은 이익이 생긴다는 것을 알게 됐다. 이후 홀푸드마켓은 큰 성공을 거두게 됐다. 결국 고객의 이익을 위해 노력하면, 그것이 고스란히 나의 이익이 되어 돌아오게 되는 원리이다.

그런데 사실 이 이익이라고 하는 것은 어떻게 다루느냐에 따라 그 결과가 현저하게 차이가 나는 것이기도 하다. 누군가에게 이익을 주려고 하는 것이 아니라 자기 자신만 이익을 얻으려고 한다면 그때부터 적지 않은 부작용이 생기기 때문이다. 어떤 면에서는 세상의 모든 혼란이 바로 이익에서부터 시작된다고도 볼 수 있다.

맹자는 양혜왕(梁惠王)을 친견한 적이 있다. 그때 왕이 "천리를 마다하지 않고 이렇게 오셨으니, 저희 나라를 이롭게 해주시겠지요"라고 말했다. 그저 특별할 것 없는 말처럼 들렸지만, 맹자는 발끈하며 이렇게 대답했다.

"왕께서 어떻게 하면 내 나라를 이롭게 할까 하시면 높은 관직에 있는 사람들은 어떻게 하면 내 집안을 이롭게 할까를 생각하고, 무사나 그 아래 사람은 어떻게 하면 내 몸을 이롭게 할까 생각할 것입니다. 윗사람과 아랫사람이 서로 이익을 취하려고만 한다면, 나라가 위태로울 것입니다."

이후 맹자는 사람들에게 '이익을 좇아 행동하면 원망을 많이 받을 수밖에 없다'라는 가르침을 널리 펼쳤다. 훗날 사마천(司馬遷)은 맹자와 양혜왕의 이 대화를 읽은 후, 그 깨달음을 『사기(史記)』에 이렇게 적었다.

"이익이란 진실로 혼란의 시작이로구나!"

결국 살면서 생기는 다수의 문제는 '이익을 어떻게 다룰 것이냐'로 귀결된다. '나만' 추구하면 원망을 얻고 부작용이 생기지만, '너와 내가 함께'를 추구하면 상당수 부작용에서 벗어날 수 있게 된다.

드물게 나타나는 승자의 저주

상대방의 이익을 먼저 생각하는 행위를 할 때는 한 가지 두려움이 존재할 수밖에 없다. 바로 상대의 이익을 챙기다가 나의 이익이 줄어들 것에 대한 걱정이다. 그래서 다수의 사람은 먼저 무엇인가를 제안하기를 꺼린다. 이는 '승자의 저주' 때문이다.

경제학에서는 '시장 가치보다 높은 가격에 물건을 구매

하는 것'을 의미하며, 우리의 일상에서는 내가 무엇인가를 얻기 위해 너무 많은 대가를 치르는 것은 아닌가 하는 두려움으로 나타난다. 그러니 자연스럽게 내가 먼저 이익을 제공하기를 꺼리게 된다.

하지만 실제로 이러한 승자의 저주는 드물게 나타난다. 미국에서 행해진 실험에 의하면, 협상의 첫 번째 제안이 최종 결과에 미치는 영향은 무려 85퍼센트에 달한다고 한다. 이는 기준이 없는 상태에서는 첫 번째 기준이 하나의 말뚝과 같은 작용을 해서 이후의 모든 협상을 좌우한다는 의미이다. 어떤 면에서 이는 매우 상식적이기까지 하다.

서로가 서로에게 얼마의 이익이나 행복을 줄지 모르는 상태에서 일단 상대가 50을 제시하면 은연중에 그것이 기준이 되어 버린다. 여기에서 시작되어 30~40이나 60~70까지 오르내릴 수 있다. 하지만 내가 먼저 30을 제안해서 관점을 한정시키게 되면 10이나 20, 아니면 40이나 50에서 머물게 된다. 결국 '상대가 나에게 얼마를 줄 것인가?'에 골몰할 것이 아니라, 나의 기준에서 상대의 이익에 말뚝을 박아 버리는 것이 훨씬 더 유리하다. 그렇지 않으면 상대방이 먼저 말뚝을 박아 나를 좌지우지할 수 있기 때문이다.

인간관계를 잘하고 싶을 때 가장 먼저 '이익'이라는 것을 떠올리면 나머지 문제는 모두 수월해진다. 모든 강물은 절대적으로 예외 없이 바다로 흘러가듯, 사람의 마음도 절대적으로 예외 없이 이익으로 흐르기 때문이다. 그 길목만 장악하고 말뚝을 박아 버릴 수 있다면, 인간관계는 술술 풀려나갈 것이다.

인복이 없는 것이 아니라
안목이 없는 것이다

사람과 관계를 보는 안목으로 주도권을 지켜라

PART 4

intro

우리는 태어나면서부터 죽을 때까지 사람에 둘러싸여
살아간다. 그래서 사회적 활동을 하기 시작하면서부터
'사람을 알아보는 안목'은 필수적으로 갖춰야 할 능력이다.
자신에게 해를 끼칠 수 있는 사람, 자신을 이용하는 사람,
결정적 순간에 배신할 수 있는 사람을 알아보지 못하면
결국 그 피해와 손해는 고스란히 나에게 되돌아온다. 문제는
대부분의 사람이 처음에는 '착한 척', '좋은 척', '예의 바른
척'을 한다는 점이다. 경계심이 없는 가운데 사람 보는
눈마저 없으면 그 가면에 속는 일은 어쩌면 매우 당연한
일이다. 따라서 사람을 알아보고 곁에 두거나 멀리하는 것도
매우 공들여야 할 일이다.

인복(人福)이 많은 사람은 운 좋게 주변에 좋은 사람이 많은
것이 아니라, 자신의 안목을 통해 끊임없이 나쁜 사람을
걸러내고 좋은 사람을 주변에 두려는 노력을 게을리하지
않는다. 그냥 하늘에서 뚝 떨어지는 우연한 환경이 아니라는
이야기다. '나는 인복이 없어'라고 생각하지 말고 쭉정이는
뽑아내고 알곡으로 채워 넣어라. 그래야만 한 끼를 먹어도 더
영양이 풍부한 식사를 할 수 있듯이, 소수의 사람과 교류해도
좀 더 풍성한 관계의 혜택을 누릴 수 있을 것이다.

의심하는 일은 괴롭지만,
의심하지 않으면 낭패를 겪고 만다
우리가 잘 속는 것에는 반드시 이유가 있다

"뭇사람의 입김에 산이 떠내려가고,
모깃소리가 모여 천둥소리가 된다."

누군가의 말과 행동에 속지만 않아도 우리 삶은 훨씬 안전하다. 문제는 가까운 사람에게 속는 일이 매우 많고, 그 결과는 치명적이라는 점이다. 금전으로 인한 사기의 경우 전체 사건의 60퍼센트 이상이 친구, 선후배, 친인척에 의해서 발생한다. 경제적 피해보다 더 큰 문제는 신뢰가 무너지면서 마음에 큰 상처를 입고, 이후 누군가를 쉽게 믿을 수 없는 상태가 되면서 인간관계의 질이 피폐해지는 것이다.

꼭 법적인 의미의 '사기'라는 범주에 속하지는 않아도,

상대방의 단점을 잘 파악하지 못해 인생의 여러 어려움을 겪기도 한다. 결혼, 사업, 우정의 관계에서 사람을 보는 안목이 제대로 갖춰지지 않으면, 안개 낀 새벽길을 걸어가듯 불투명하고 불안할 뿐이다. 이러한 문제를 해결하기 위해서는 왜 가까운 사람일수록 그 단점이 잘 보이지 않는지, 그리고 이를 극복하기 위해서는 어떻게 해야 하는지에 대해 반드시 알아야만 한다.

괄목상대(刮目相對)라는 고사성어는 '학식이나 재주가 몰라볼 정도로 성장한다'라는 내용이기는 하지만, 글자 그대로의 풀이는 '눈을 비비고 다시 본다'라는 것이다. 사람을 보는 안목을 기르는 첫 번째 자세는 바로 이렇게 내가 원래 봤던 것, 기존에 알고 있던 사람에 대한 판단을 재검토하는 일이다. '가까우니까, 오래 만났으니까, 나에게 도움을 준 적이 있으니까'라는 이유만으로 사람을 판단하게 되면 때로는 심각한 곤란을 겪을 수도 있다.

기본적인 것도 보지 못하는 이유

조선시대에 발간된 『어우야담(於于野談)』에는 암행어사였던 유몽인(柳夢寅)이 전국을 다니면서 모았던 다양한 설화와 야담이 담겨 있다.

어떤 사람이 중국에 다녀오면서 커다란 소나무가 길게 늘어진 모습과 이를 바라보는 한 나이 든 선비의 모습이 그려진 멋진 그림 하나를 사 왔다. 그림 풍이 고상하고 신묘해서 누가 봐도 감탄할 정도였다. 그림의 가치에 대해 자신했던 그는 높은 값으로 팔기 위해 사람들을 만나고 다녔다. 그러다 당시 조선 초기 최고의 화가인 안견(安堅)이 이 그림을 마주했다. 자세하게 그림을 관찰하던 안견은 이내 실망스러운 눈빛을 보이며 이렇게 말했다.

"그림이 좋긴 하지만 사람이 얼굴을 쳐들면 목덜미에 반드시 주름이 잡히기 마련이다. 하지만 이 그림에는 이것이 없으니, 그림의 뜻을 크게 그르쳤다."

어떻게 생각하면 이런 사실적 묘사는 가장 기본적인 것에 속하는 것이지만, 사람들은 이를 미처 인식하지 못하곤 한다. 그 이유는 그림의 전체적인 풍과 필체에만 현혹되어서 판단했기 때문이다.

노인이 손자를 무릎에 앉히고 밥을 먹이는 그림에 대한 이야기도 있다. 역시 그림 풍이 매우 좋아서 많은 이가 감탄했다고 전해진다. 이 그림이 워낙 세간에 화제가 되자 그 소문이 왕실에까지 퍼졌고, 조선의 제9대 왕인 성종(成宗)까지 그 그림을 보게 됐다. 그런데 성종 역시 이내 실망스러운 표정을 지으며 이렇게 말했다.

"무릇 사람이 아이에게 밥을 먹일 때는 반드시 자신도 스스로 입을 벌리는 법인데, 이 그림에선 입을 다물고 있으니 이치에 맞지 않고 화법을 크게 그르쳤다."

아이에게 단 한 번이라도 밥을 떠먹여 보았다면 누구나 쉽게 알 수 있는 내용이지만, 역시 다른 것에 정신이 팔려 사소하고 기본적인 것을 보지 못했다고 볼 수 있다.

이에 『어우야담』을 지은 유몽인은 이 두 가지 이야기에 대해 이렇게 평했다.

"한번 본의(本意)를 잃으면 아무리 화려하고 아름다워도 그것을 아는 자(識者)는 취하지 않는다."

여기에서 '본의'는 참된 마음, 혹은 기본을 의미한다. 즉 그림을 보는 안목이 있는 사람은 기본부터 보고, 그것이 제대로 갖춰지지 않는다면 사지 않는다는 의미이다.

지나친 공감으로 흐려지는 판단력

우리가 사람을 볼 때도 무엇인가에 현혹되어 그 본질과 기본을 보지 못하는 일이 흔하게 발생한다. 예를 들어 식당에서 버릇없게 행동하거나 큰 소리로 떠드는 사람을 보면 누구나 쉽게 '기본이 없는 사람이네'라고 판단을 내리곤 한다. 하지만 문제는 그 사람과 함께 있는 사람은 그러한 사실을 전혀 인식하지 못한다는 점이다.

왜 누구나 알 수 있는 문제를 함께 있는 그 사람은 알지 못하는 것일까? 물론 그러한 문제를 지적하지 못하는 관계일 수도 있지만, 때로는 상대방의 단점이 보이지 않을 정도로 지나치게 공감하거나, 혹은 너무 가까운 사이라서 그것이 가려질 수 있다. 이런 일은 연애하는 남녀 사이에서도 흔하게 생긴다. '콩깍지가 씌었다'라는 말은 기본적인 판단력이 흐려졌다는 말이기도 하다. 누가 봐도 단점이지만, 심지어 그런 모습까지 귀엽고 예쁘고 멋져 보일 정도이다. 이 모든 것이 앞에서 말한 그림에서 선비의 목주름과 밥 먹이는 할아버지의 벌어진 입을 보지 못하는 일이다.

유명세에 현혹되는 일도 매우 흔하다. 사회적으로 떠들썩하게 이슈가 되는 상당수의 사기 사건은 모두 유명세를 앞세워서 상대의 판단을 흐리게 하는 일에서 시작된다. 유명인이 아니더라도 주변인들의 평판을 너무 쉽게 믿어서 벌어지는 일이다.

역사서인 『한서(漢書)』에는 '모기가 떼 지어 날아다니는 소리가 천둥소리를 만든다'라는 의미의 취문성뢰(聚蚊成雷)에 관한 이야기가 나온다.

"뭇사람의 입김에 산이 떠내려가고, 모깃소리가 모여 천둥소리가 되며, 패거리를 지으니 범을 때려잡고, 열 사내가 작당하면 쇠공이를 휘게 할 수 있다."

누군가가 자신을 모함하는 것에 대해 억울함을 호소하는 말이었지만, 사람들이 모여서 함께 이구동성으로 말하게 되면 누구나 그것을 믿게 된다는 의미로 볼 수 있다. 오늘날의 유명세와 사회적인 평판도 이와 똑같은 양상으로 전파되어 누군가의 판단력을 흐릴 수 있다.

　　때로는 과거에 상대방으로부터 도움을 받았다는 점도 상대방을 신뢰하게 하는 매우 중요한 요인이 되기도 한다. 한번 자신에게 선의를 베풀었다는 사실이 상대를 매우 신뢰할 만한 사람이라고 믿게 한다는 점이다. 그러나 엄밀하게 말하면 '과거에 나를 도와주었다'라는 점과 '상대방을 신뢰할 수 있다'라는 두 명제는 진실하게 일치되지 않는다. 다수의 사기꾼도 처음에는 상대방에게 이익을 주고 도움을 주면서 신뢰를 얻어내어 본격적인 사기 플랜을 짜기 때문이다.

기획된 화장과 행동법

사람을 보는 안목을 기르기 위해서는 '눈을 비비고 다시 본다'라는 말을 유념해야 한다. 내가 상대에 대해서 느끼는 감정, 남들이 하는 말, 그들이 가진 유명세와 권위로부터 자유로워진 후 반드시 한 번쯤은 의심의 눈초리로 봐야 한다는 점이다. 이는 누군가에 대한 불신을 증폭시키는 일이 아니다. 나를 속이려는 악의적인 사람들, 그리고 상대의 단점을 가리고 있는 내 안목의 문제를 반드시 해결하기 위한 것이다.

하나의 예를 들어보자. 어떤 여인이 근심에 잠겨 있고, 방금 울음을 그쳤는지 눈 밑이 다소 하얘져 있다고 해보자. 거기다가 이가 아픈 것처럼 얼굴도 살짝 찡그리고 있다고 하면 어떨까? 아무래도 동정심도 들고 내가 해결해 줄 수 있는 일이 있다면 도움을 주고 싶을 것이다. 더구나 내가 잘 아는 사람이 이런 모습이라면 누구라도 도움의 손길을 뻗는다.

또 다른 경우, 어떤 여인이 허리를 매우 잘 흔들면서 걷고, 머리가 살짝 기울어져 몸가짐이 다소 흐트러진 모습을 본다면 어떨까? 아무래도 그 여인에 대해서 이성적인 매력을 느낄 가능성도 있다. 이런 모습들을 아무런 의심도 없이 본다면 상대의 특별한 의도가 드러나 보이지 않기 때문에 순수하게 믿을 수도 있다.

하지만 이 모든 모습을 철저하게 계획하여 만든 사람이 있다. 그 기획자는 후한 시절 권력을 장악했던 한 대장군의 아내인 손수(孫壽)였다. 사치스럽게 자신을 꾸미는 것을 좋아했던 그녀는 다음과 같은 자신만의 화장법과 행동법을 만들어 궁중에 유행시키기까지 했다.

- 수미(愁眉): 근심에 잠긴 것처럼 보이기 위해 눈썹을 가늘게 그리는 화장법

- 제장(啼粧): 눈 밑을 하얗게 칠해 울고 난 것처럼 보이게 하는 화장법
- 우치소(齲齒笑): 이가 아픈 것처럼 얼굴을 살짝 찡그리는 방법
- 타마계(墮馬髻): 머리를 살짝 기울여 몸가짐이 다소 흐트러지게 보이게 하는 방법
- 절요보(切要步): 허리를 꺾고 흔들면서 걷는 방법

어쩌면 나를 이용하고 속이기 위해 치밀하게 계획하는 사람들에 비하면, 손수의 이런 노력은 오히려 대수롭지 않게 보일 지경이다.

물론 누군가를 계속해서 의심하게 되면 나 스스로가 괴로운 상태가 된다. 의심은 내 마음을 불편하게 만들고, 누군가를 의심하는 나를 초라하게 만들기 때문이다. 그러나 결국 모든 사기는 '만에 하나'라는 가능성에서 싹트게 된다. 한 번도 의심해 보지 않는다면 결국 나에게는 더 큰 낭패가 찾아올 수밖에 없다. 일정한 의심으로 안전을 확보하는 것이 사람을 보는 안목을 확보하는 중요한 출발점이 될 수 있다.

마음을 깎는 대패가 될 것인가, 불을 나누는 등잔이 될 것인가?

기회주의자는 결코 인간관계에서 기회를 잡을 수 없다

"겉으로는 친해 보이지만,
속으로는 각자 딴마음이 있다."

사람으로 인해 자신에게 새로운 기회가 주어지는 일은 매우 흔하며, 그것의 활용 여부에 따라 삶의 행보가 완전히 달라지기도 한다. 하지만 관계의 목적 자체가 기회만을 노리는 것이거나, 혹은 인간적으로 친밀하더라도 결국 상대방이 나에게 줄 이익에만 무게중심이 있다면 이는 매우 곤란한 태도이다. 이는 상대를 대상화하는 표피적인 관계만 만들어 낼 뿐이기 때문이다. 이럴 때 자주 발생하는 것이 바로 잦은 손절이다. 때로는 자신을 지키기 위한 현명한 방법의 하나로 손절할 수도 있지만,

이익만을 추구하는 관계에서 자주 발생한다. 이러한 사람을 한마디로 '관계의 기회주의자'라고 부를 수 있다.

다만 관계의 기회를 잘 활용하는 사람인지, 아니면 일방적으로 치우친 '관계의 기회주의자'인지가 헷갈릴 수 있다. 외모와 경제적 조건 때문에 상대방을 사랑하면서, 자신이 진짜로 순수한 사랑을 하고 있다고 착각하는 일도 흔하기 때문이다.

이를 판단해 보기 위해서는 두 가지 기준을 가지면 된다. '같은 결이 아닌 딴마음이 있는가?'와 '서로 성장하는 관계인가?'이다. 지금 자신이 맺고 있는 사람과 자기 스스로에게 이것을 적용해 본다면 기회주의자인지 아닌지가 보다 확연하게 드러날 것이다.

박쥐가 기회주의자가 될 수 있는 이유

조선 후기의 문인인 홍만종이 쓴 『순오지(旬五志)』에는 동물의 세상에서 일어난 한 설화가 담겨 있다.

하루는 봉황을 축하하는 잔치에 인근의 거의 모든 짐승이 모여 축하했지만, 유독 박쥐만 그 자리에 참석하지 않았다.

이때 봉황이 박쥐를 불러 "네가 내 밑에 있으면서 어찌 거만하게 잔치에 참여하지 않을 수가 있느냐"라고 꾸짖었다. 그때 박쥐는 이렇게 대답했다.

"나는 네발 가진 짐승인데 너 같은 새와 무슨 상관이 있단 말이냐?"

또 한 번은 기린을 축하하는 잔치가 벌어져 모든 네발짐승이 다 모였지만 역시 박쥐만 오지 않았다. 기린이 박쥐를 불러 왜 오지 않았냐고 꾸짖었다. 그때 박쥐는 자신의 날개를 펼쳐 보이면서 이렇게 말했다.

"나는 이렇게 날개가 있는데 네발짐승들의 잔치와 무슨 관계가 있단 말이냐?"

결국 박쥐는 양쪽 모두에게 미움을 받아 어느 쪽에도 속하지 못하고 어두운 동굴 속에 숨어 있다가 밤에만 밖으로 나오게 되었다는 결말이다.

박쥐는 동서고금의 다양한 이야기 속에서 배신의 상징이자 기회주의자의 전형으로 묘사된다. 그런데 박쥐가 이렇게 된

것은 타고난 심성이 나쁘기 때문은 아니다. 태어나길 그렇게 기회주의자가 될 수 있는 호조건을 타고났기 때문이다. 짐승의 특징인 네발과 새의 특징인 날개가 동시에 있어서 언제든 핑계를 댈 여지가 있다. 만약 애초에 박쥐에게 이 두 가지가 혼재되어 있지 않았다면, 박쥐도 그렇게 배신하거나 기회주의적으로 행동하지는 않았을 수도 있다.

프리드리히 2세의 잔혹한 실험

누군가와 관계를 맺는 우리의 마음 역시 박쥐의 생태적 특성과 비슷하다. 상대방에 대한 온전한 친근함과 신뢰도 있지만, 또 한편으로는 상대로부터 이익을 얻어내려는 마음도 동시에 존재한다. 바로 여기에서부터 기회주의적 행동이 나올 수 있는 틈새가 생기기 시작한다. 문제는 여기에서 균형을 잡지 못하고 한쪽으로 치우칠 때이다. 이렇게 되면 결국 '모양은 합치하지만, 정신은 떨어져 있다'라는 모합신리(貌合神離)의 상태에 이르게 된다. 이 말은 진나라 시대의 병법가인 황석공이 지은 『소서(素書)』에 나오는 말로, 인간관계에서는 '겉으로는 친해 보이지만, 속으로는 각자 딴마음이 있다'라는 의미이다.

관계를 해 나가면서 가장 주의해야 할 것은 바로 이 '딴마음'이다. 보통 '결이 맞는 사람과 친구를 해야 한다'라는 말이 있는데, 이 '같은 결'과 가장 반대되는 것이 바로 '딴마음'이다. 이런 상태라면 왠지 모르게 계속해서 관계가 덜컥거리게 된다. 한 방향으로 기분 좋게 순항하는 것이 아니라, 서로를 옭아맨 후 반대로 가는 것 같은 저항력이 느껴지게 된다. 별것도 아닌 이유로 인해 계속 티격태격 싸우고, 관계가 멀어지는 이유도 바로 여기에 있다. 이런 관계는 애초부터 이미 딴마음이 반대 방향으로 작동하고 있었기 때문이다. 그래서 한쪽에서는 '별것도 아닌 것'이 다른 한편에서는 '매우 큰 것'이 되고, 때로는 결별해야 할 합당한 이유가 되기도 한다. 이러한 딴다음이 무서운 이유는 서로의 인간적인 감정과 정서의 교류를 애초에 차단하기 때문이다.

13세기경 신성 로마제국의 프리드리히(Friedrich) 2세는 매우 흥미로운 실험을 한 적이 있다고 전해진다. 그는 '세상에서 가장 순수하고 고결한 단어는 무엇일까?'라는 호기심으로 신생아가 태어나서 처음 하는 말에 주목했다. 다만 아기는 자신을 돌보는 사람이나 엄마의 말을 따라 배울 수 있다는 한계가 있다. 따라서 아기를 돌보는 유모와 육아를 위한 최고의 환경을 제공하지만 절대로 대화하거나 정서적인 교류를 하지 않도록 지시했다. 그렇게 실험에 돌입하고 수개월이 지난 후의 결과는 처참하다 못해 잔인할 지경이었다. 아기들에게는 모두 최고의 양육 환경이 제공되었지만, 결국 모두 죽고 말았다. 흥미로운 실험이 잔인한 실험이 되어 버렸다.

성인이 된 이후에는 비록 감정과 정서의 교류가 차단된다고 하더라도 직접적으로 생명에 영향을 미치지는 않지만, 이는 갓 태어난 생명을 죽음에 이르게 할 정도로 치명적이다. 딴마음을 가진 사이는 주고받을 감정과 정서가 없어 마치 아기와 유모의 관계에 불과하다고 볼 수 있다.

서로 맞닿아 있는 아름다운 연못

이와는 정반대로 좋은 인간관계에는 반드시 나타나는 특징 하나가 있다. 바로 함께 일을 하든, 교제를 하든 반드시 서로 성장하고 발전한다는 점이다.

『주역(周易)』에서 유래한 이택상주(麗澤相注)라는 말이 있다. '아름다운 연못이 서로에게 물을 대어 준다'라는 의미이다. 이는 서로 늘 도움을 주며 모두가 성장하는 인간관계를 일컫는 말이다. 딴마음이 없는 상태, 그래서 기회주의자가 아닌 사람들은 대부분 이런 관계를 이어 나간다.

　　조선 후기의 실학사상을 뿌리내리게 한 이익(李瀷) 선생이 설파한 이택법(麗澤法)도 같은 원리이다. 이는 두 사람이 서로 얼굴을 마주 대하면서 토론하며 각자의 학문을 더욱 발전시키는 방법이다. 이렇게 하면 공부의 속도나 효율이 훨씬 높아지게 된다. 사실 사람을 사귀거나 관계를 이어 나가는 것은 상대방이 써왔던 인생 스토리라는 책을 읽으면서 함께 토론하고 조언해 주는 것과 비슷하며, 앞으로의 인생을 공저로 써나가는 것이기도 하다.

　　법정 스님은 자신의 저서인 『물소리 바람소리』에서 인간관계의 진수를 이렇게 설명한다.

> "우리가 친구를 찾는 것은 우리들의 모자란 구석을 채우기 위해서지, 시간이 남아 주체할 수 없어서 찾는 것은 아니다. 사람과 사람 사이에 예절과 신의와 창조적인 노력이 따르지 않으면 서로에게 아무런 덕도 끼칠 수 없다. 빈 꺼풀끼리는 이내 시들해지고 마는 법이니까. 그러니 상호 간에 끊임없는 노력을 기울여 그사이가 날로 새로워져야 서로에게 좋은 친구가 된다."

결국 관계에는 크게 두 종류가 있다고 할 수 있다. 하나는 마치 대패가 나무 표면을 날카롭게 깎아 내듯, 서로의 마음을 깎아 내면서 상처를 주고받는 관계이다. 서로가 원하는 것이 다르니 지적하고 비난하는 일이 자주 생기고, 원하는 것이 채워지지 않으면 강요하면서 힘들게 한다.

이와는 전혀 다른 관계로 '등불을 나누는 사이'가 있다. 미국 제3대 대통령인 토머스 제퍼슨은 이런 말을 한 적이 있다.

"누군가 내 등잔의 심지에서 불을 붙여가도 불은 줄어들지 않는다."

아무리 나눠도 내 불꽃이 줄어들 리가 없으니, 마치 이택상주처럼 계속해서 서로 좋은 영향을 주고받으며 함께 성장하는 관계이다. 자신의 주변에 사람이 많다고 절대로 좋은 것은 아니다. 그 관계의 질이 어떤가, 그리고 내가 그 관계에 어떻게 접근하느냐가 사람의 숫자보다 더욱 중요하다.

머릿속 말은 내 노예지만,
입 밖에 나온 말은 내 주인이 된다
나의 말은 줄이고, 남의 말은 관찰하라

"작법자폐구나.
내가 만든 법에 의해서 내가 피해를 입다니…."

말은 기본적인 의사소통 이외에도 다양한 기능을 한다. 서로의 기분을 좋게 하거나 망치기도 하고, 모두를 분열시키기도 하지만, 하나로 만드는 힘도 가지고 있다. 그런데 주도권의 측면에서 본다면 특별히 주의해야 할 두 가지가 있다. 바로 나의 심리 상태를 고스란히 노출하는 것은 물론이고, 더 나아가 나를 위험에 빠뜨리기도 한다는 점이다.

이렇게 되면 '나의 적은 나의 말'이 되는 매우 난감한 상황이 펼쳐진다. 말이 하는 긍정적 기능을 내 것으로 끌어오지는 못해도, 최소한 그 부정적인 영향으로 내 주도권을 흔들리게 할 수는 없다. 그럼에도 불구하고 말은 너무도 일상적으로 하는 것이기 때문에 특별히 경각심을 가지지 않으면 분별없이 나올 수 있다. 예로부터 말과 관련해서 꽤 많은 격언과 고사성어가 있는 것도 말의 중요성과 무분별함이 끼치는 해악이 너무도 크기 때문이다.

반면 상대가 하는 말을 잘 분석하면 내가 유리한 고지를 점할 수도 있고, 절대로 피해야 할 사람을 구분할 수도 있다. 특히 언어심리학에서는 말 자체를 하나의 행동으로 바라본다. 우리는 보통 '말과 행동'이라고 표현하면서 둘 사이에 간극이 있다고 생각하지만, 보다 엄격하게는 말 그 자체가 하나의 행동이기도 하다. 따라서 결국 함부로 말하는 사람이라면, 그 사람 자체가 누군가를 함부로 대하는 사람이며, 품격 없게 말한다면 그 사람 자체가 품격이 떨어진다고 봐야 한다.

말을 줄이면 곤란함도 줄어든다

말을 조심하라고 말한 고전 속 인물은 많지만, 그중에서도 노자는 특별히 말에 관해 경각심을 가지라고 조언한 인물이다. 우선 노자는 말을 '욕망', '날카로움', '빛' 등에 비유하고 있다. 이는 모두 말이 가진 긍정적인 기능이기도 하다. 자신의 욕망을 드러내고 타인의 욕망을 알아낼 수 있고, 날카롭게 무엇인가를 지적해서 고칠 수 있게 하며, 또 어두운 것을 드러내는 역할도 한다. 하지만 노자는 그것으로 인한 이로움보다는 손해가 더 크다고 보았다. 그는 『도덕경』에서 이렇게 말하고 있다.

> "아는 자는 말하지 않고, 말하는 자는 알지 못한다. 입을 다물고 욕망의 문을 닫아라. 날카로움을 꺾고 엉킨 것을 풀어라. 빛을 가리고 먼지와 같이 되어라. 이것을 본래의 하나 됨이라 하네. 이렇게 된 사람은 벗도 적도 없고, 이롭지도 해롭지도 않으며, 귀하지도 천하지도 않다네. 그러므로 이것이 하늘 아래 가장 귀한 것이라네."

노자는 결국 입을 다물어 욕망의 문도 닫고, 날카로움도 꺾고, 빛도 가리라고 조언한다. 한마디로 말을 줄이면 곤란한 일도 줄어들 것이라는 이야기다. 그리고 바로 이러한 상태야말로 벗은 없겠지만 적도 없으며, 이롭지는 않아도 해롭지 않은 상태에 도달할 수 있다. 여기에서 유래한 고사성어가 바로 다언삭궁(多言數窮)이다. '말이 많을수록 자주 궁색해지니 중간을 지키는 것만 못하다'라는 의미이다.

노자가 우려했던 바를 스스로 초래했던 한 사람이 있었다. 진나라에는 효공(孝公)을 모시는 신하 가운데 상앙(商鞅)이라는 자가 있었다. 그는 열의가 넘쳐 다양한 법령을 제안하고 이것이 받아들여져 여러 개혁적인 조치를 취하기도 했다. 귀족의 특권을 제한하고 도량형을 통일하는 등 도움이 되는 내용도 많았지만, 오히려 백성의 불편을 초래하는 법령도 있었다. 신분이 확인되지 않으면 여인숙에 투숙할 수 없다든지, 해가 지면 국경을 넘을 수 없다든지 하는 것들이었다. 그럼에도 상앙은 그 공을 인정받아 효공으로부터 15개의 마을에 해당하는 땅을 하사받기도 했다. 문제는 효공이 죽은 뒤부터 벌어졌다.

너무 많은 법을 제정했던 상앙의 최후

그가 제정한 여러 법령에 불만을 품고 있었던 귀족들이 기다렸다는 듯이 상앙이 반역을 꾀했다는 소문을 퍼뜨리고 그를 체포해서 벌을 주려고 했다. 이 소식을 들은 상앙은 진나라를 떠나서 위나라로 도망가기 시작했다. 그가 겨우겨우 진나라의 국경에 다다랐을 때 문지기 병사가 그를 가로막으며 "나라의 높은 관리인 상앙께서 제정하신 법령에 따르면, 해가 진 뒤에는 국경 출입이 불가능합니다"라고 말했다. 어쩔 수 없이 하룻밤을 보내기 위해 여인숙을 찾았을 때였다. 그때 주인이 나와서 "상앙께서 제정하신 법령에 따르면 신분이 확인되지 않은 사람을 머물게 하면 처벌을 받습니다. 신분이 어떻게 되시는지요?"라고 물었다. 어쩔 수 없이 신분을 밝혀야 했던 상앙은 하늘을 보며 이렇게 한탄했다.

"작법자폐(作法自斃)구나. 내가 만든 법에 의해서 내가 피해를 입다니…."

그는 다음 날 위나라로 도망갔지만, 여인숙에서 신분을 밝힌 일이 계기가 되어 결국 체포되어 잔혹한 형벌을 받게 됐다. 상앙은 법령을 너무 과도하게 제정했고, 또한 불필요한 것까지 제정하면서 결국 스스로가 피해자가 되었다.

우리의 말은 우리에게 이와 똑같은 굴레로 작용한다. 내가 과거에 했던 말은 곳곳에서 지뢰가 되고 함정이 되어 결국 오늘의 나를 공격하게 되는 것이다.

유대인들이 성경 다음으로 중요하게 생각한다는 『탈무드』에는 이런 말이 있다.

"말이 당신의 머릿속에 있을 때는 당신의 노예이지만, 일단 입 밖으로 나왔을 때는 당신의 주인이 된다."

이는 사회생활을 하는 사람들에게 말의 양을 줄이라는 의미라기보다는 생각 없는 말, 마구 내뱉는 말, 누군가를 과도하게 공격하는 말을 줄이라는 의미로 받아들이면 될 것이다.

혼란함을 유발하는 말투

나의 말은 신중하게 하는 동시에 상대방의 말은 자세하게 관찰해야만 한다. 사실 말은 누군가의 심리를 너무나도 정확하게 드러내기 때문에 함께해야 할 사람과 그렇지 않은 사람을 잘 구분할 수 있도록 도움을 준다.

특별히 주의해야 할 어투는 나르시시스트의 말이다. 대개 누구나 심리적인 문제는 조금씩 가지고 있지만, 나르시시스트는 타인에게 극도의 해악을 끼친다는 점에서 특별히 구분하고 멀리해야 한다. 나르시시스트의 대화법은 현대 심리학에서 많이 언급하고 있지만, 동양고전으로 정의해 보자면 '혼란함'이라고 할 수 있다. 그들은 의도적으로 혼란함을 유발하는 말을 하고, 이를 통해서 자기의 생각을 강요하고, 그 혼란함 속에서 타인을 조종하는 일을 즐기곤 한다.

"그렇게 생각하는 것은 네가 너무 예민해서일 뿐이야", "왜 화가 났는지는 모르겠지만, 이해는 하고 싶어", "내가 틀린 적은 별로 없으니까 너는 그냥 따라오기만 하면 돼" 등이다. 언뜻 보면 상대방을 배려하고 존중하는 것 같지만, 자기의 생각을 강요하기 위해 의도적으로 혼란함을 만들어 내는 것이라고 볼 수 있다. 과거에도 겉과 속이 다르고, 속마음을 숨기는 오늘날의 나르시시스트 같은 사람들이 있었다.

어느 날 맹자의 한 제자는 공자의 『논어』를 읽다가 잘 이해되지 않는 대목이 있었다. 『논어』에 등장하는 향원(鄉原)이라는 인물은 모두의 존경을 받고 있었지만, 유독 공자만이 향원을 '덕을 해치는 사람'이라고 평가했기 때문이다. 이에 제자가 그 이유를 묻자, 맹자는 이렇게 대답했다.

"(향원은) 마을 사람들이 특별히 비난할 게 없고 공격할 구실이 없지만, 더러운 무리와 야합하고, 집안에서는 충심과 신의가 있는 척하고 밖에서는 청렴결백한 척한다. 그의 겉모습만 본 사람들은 그를 좋아하고 그 스스로도 자신의 행동이 옳다고 믿지만, 성현의 도(道)에 들어갈 수 없다….

공자께서 '강아지풀을 미워함은 그것이 곡식의 싹을 어지럽힐까 두려워함이고, 망령됨을 미워함은 그것이 정의를 혼란케 할까 두려워함이고, 말을 잘하는 능력을 미워함은 그것이 믿음을 혼란케 할까 두려워함이고, 자주색을 미워하는 것은 그것이 붉은색을 혼란케 할까 두려워하기 때문이다. 그리고 향원을 미워함은 그가 덕을 혼란케 할까 두렵기 때문이다'라고 하셨다."

나르시시스트가 야기하는 혼란을 구분하지 못하고 그것에서 헤어 나오지 못하면 결국 그들의 희생양이 되어 버리고 만다. 그러면 한동안 그 사람에게서 빠져나오지 못하고, 관계의 주도권을 잃는 것은 물론이고, 큰 심리적인 상처를 남길 수 있다. 말이든 행동이든 혼란함이 야기되는 사람이라면 언제든 특별한 경계심을 가져야만 한다. 내가 하는 말을 주의하고, 남이 하는 말에 대해 심도 있게 관찰하자. 아마도 사람에 의해서 피해를 당하는 일이 현저하게 줄어들 것이다.

타인의 마음에 한을 남기면, 내 마음에도 한이 돌아온다
인과응보는 과학적인 결론이다

"어제 양고기를 전투병에게만 먹인 것은
장군의 판단에 따른 일이지만,
오늘 전차를 모는 것은
내 판단에 따라서 할 것입니다."

상대방의 가치에 걸맞게 대접하는 일은 사실 상당한 수고로움이 따른다. 적당한 예를 갖추고 마음도 살펴야 해서 신경도 많이 쓰이고 경제적인 비용도 지출된다. 그럼에도 이런 수고로움을 마다하지 않는 것은 미래에 자신에게 돌아올 수 있는 이익 때문이다. 따라서 다소 극단적으로 보자면 딱히 대접해야 할 만한 가치가 있는 사람이 아니라면, 굳이 일부러 신경 쓰지 말고 무시하는 것이 차라리 합리적이라고 볼 수도 있다. 되돌아오지 않을 이익을 위해 정성을 들일 필요는 없기 때문이다.

하지만 상대방을 무시하는 정도가 심해지면, 비록 이익은 돌아오지 않겠지만 그보다 더 크고 괴로운 상황이 도래한다. 바로 약자에 의한 복수이다. 복수가 반드시 되돌아오는 이유는 '상대방의 자격 의식(Sense of entitlement)'에 과도한 타격을 입히기 때문이다. 이것은 '나는 이 정도 대접은 받을 만해'라는 인식이다. 약자일수록 이런 자격 의식은 더욱 강하다. 그간 받아왔던 사회적 멸시와 무시의 경험으로 인해 그 분노의 강도가 훨씬 더 강해지기 때문이다.

잊고 있었던 과거의 일로 복수를 당하는 일은 흔히 볼 수 있다. 학창 시절의 기록이 고스란히 남아 사회적으로 유명인이 된 사람을 공격하는 일은 자주 일어난다. 평소에도 누군가에게 험한 말을 하고 면박을 주고 최소한의 대접을 하지 않는 행위들은 그들의 마음속에 고스란히 남아 언젠가는 자신에게 돌아와 치명적인 타격을 줄 수 있다는 사실을 잊어서는 안 된다.

약자일수록 더 무시하면 안 된다

춘추시대 정나라와 송나라가 전투를 치를 때였다. 송나라의 군사들을 이끌고 있던 대장 화원(華元)은 내일 있을 전투에 앞서 군사들의 사기를 높이기 위해 특별히 양고기를 가져와 먹였다. 병사들이 모두 기뻐하며 맛있게 양고기를 먹고 있을 때, 한 부하 장수가 왜 전차를 모는 병사인 양짐(羊斟)에게는 양고기를 주지 않았는지를 물었다. 이에 화원은 이렇게 답했다.

"전투와 직접 관련이 없는 병사에게는 양고기를 먹일 필요가 없다."

배를 채운 병사들은 푹 쉰 후 다음 날 아침 전투에 나섰다. 그런데 양측의 전력이 비등비등해서 쉽게 결판이 나지 않았다. 이에 전차를 타고 있던 화원은 상황을 좀 더 유리하게 만들기 위해 전차병인 양짐에게 "정나라의 병사들이 별로 없는 쪽으로 전차를 몰라"고 지시했다. 그런데 양짐은 오히려 반대로 정나라 병사들이 탄탄하게 방어하고 있는 곳으로 전차를 모는 것이 아닌가? 이에 당황한 화원이 양짐에서 도대체 무슨 일이냐고 물었다. 그러자 양짐은 이렇게 대답했다.

"어제 양고기를 전투병에게만 먹인 것은 장군의 판단에 따른 일이지만, 오늘 전차를 모는 것은 내 판단에 따라서 할 것입니다."

이에 화원은 곧 적군의 포로가 되었고, 이 모습을 본 병사들은 전의를 상실하고 말았다. 결국 200여 명이 넘는 병사들이 포로로 잡혔고 전쟁에서 대패하고 말았다.

양짐은 '전투와 관련 없는 병사는 양고기를 먹을 필요가 없다'라는 화원의 판단에 격렬하게 분노했다. 단지 맛있는 음식을 먹지 못해 화가 나기도 했겠지만, 자신을 '양고기를 먹을 자격이 없는 사람'으로 취급한 것에 대해 더 분노했을 것임이 틀림없다. 결국 이 교훈은 자신이 가진 것이 많고, 더 강하다고 생각하는 사람일수록 절대로 남의 마음에 한을 품게 해서는 안 된다는 사실을 알려준다.

무엇보다 복수는 시간을 인내해 내는 강력한 힘을 가지고 있다. 살면서 생기는 여러 가지 일은 대체로 시간이 지나면서 점차 흐릿해지기도 하지만, 유독 복수의 감정만큼은 시간을 거스른다는 점이 더욱 무섭다. '군자가 원수를 갚음에 있어서 십 년이 걸려도 늦지 않다'라는 말인 군자보구 십년불만(君子報仇 十年不晚)이 대표적이다.

내 눈에서 피눈물이 나는 이유

가정에서든 사회생활에서든 서로 싸울 때 흔히 하는 말이 "네가 그럴 자격이나 돼?"라는 것이다. 아버지의 자격, 부하의 자격, 친구의 자격이 없으니 지금 내가 하는 푸대접 정도는 오히려 당신이 부끄러워하면서 받아들여야 한다는 것이다. 하지만 자신을 못났다고 평가하는 사람조차도 남들이 자신에게 하는 푸대접과 무시는 잘 참지 못한다.

이러한 이유로 인해 결국 '좋은 일에는 좋은 결과가 따르고, 나쁜 일에는 나쁜 결과가 따른다'라는 인과응보(因果應報)가 탄생하게 된다. 이는 때로 고리타분한 도덕인 것으로 생각되는 경우가 많다. 거기다가 나쁜 짓을 하면서도 잘만 살아가는 사람을 본 적이 있다면 이런 인과응보를 잘 믿지 못할 수도 있다. 하지만 나쁜 결과가 자신에게 되돌아오는 방식은 매우 다양하다. 특히 꼭 타인에 의해서 당하는 복수뿐만 아니라 '자기 자신이 자신에게 만들어 내는 나쁜 결과'를 주목할 필요가 있다.

미국 케이스웨스턴리저브 의과대학 스티븐 포스트(Stephen Post) 교수는 다른 사람에게 했던 선한 행위가 어떻게 다시 자신에게 되돌아오는지를 연구한 적이 있다. 그는 칭찬, 용서, 용기, 유머, 존중, 동정, 경청 등을 선한 행위로 구분하고 이를 자주 했던 사람이 미래에 겪은 일들을 연구했다. 그 결과, 몸과 마음에 매우 큰 긍정적인 영향을 미쳐 사회적 능력, 판단력, 심리 상태에 큰 도움을 주었다.*

　　미국과 영국의 또 다른 과학자들은 튼튼한 신체를 가졌지만, 늘 악행을 저질렀던 소년 범죄자들이 중년 이후 어떻게 되는지를 살펴보기도 했다. 그 결과, 중년이 되면서 건강이 급속하게 악화했고, 입원 치료를 받거나 신체적인 장애가 생길 수 있는 확률이 일반인들보다 몇 배가 더 높았다.

　　미국 예일대학에서도 좋은 사회관계를 유지하는 사람과 그렇지 않은 사람의 사망률을 조사한 적이 있다. 7천 명의 사람을 9년간 추적한 결과, 다툼이 많고 남에게 해를 끼치고 자신의 이익만 추구했던 사람들의 사망률이 그렇지 않은 사람에 비해 많게는 두 배나 높았다.**

　　결론적으로 봤을 때, 누군가의 마음에 한을 남기면 그것은 직접적인 복수에 의해서도 내 마음에 한을 남기는 것은 물론, 자신에게도 적지 않은 문제를 남긴다는 사실을 알 수 있다. '남의 눈에 피눈물을 나게 하면 제 눈에서도 피눈물이 난다'라는 속담은 결코 허튼 이야기가 아니다.

---

*　　스티븐 포스트, 『왜 사랑하면 좋은 일이 생길까?』, 다우, 2013. 4
**　　김덕권, '과학자가 발견한 인과응보의 비밀', 뉴스프리존, 2021. 5. 3

욕심이 부르는 것은 만족감이 아니라
더 큰 결핍감이다

욕심의 원심력을 제어할 주도권이 있어야 한다

"주나라의 속담 중에 '죄가 없는 평범한 사람이라도
값비싼 구슬을 가지면
그것이 곧 죄가 된다'라고 했습니다."

인간의 감정 중에서도 가장 위험한 것은 바로 분노와 욕심이다. 이 둘의 파괴력은 둘 다 비등비등하지만, 그래도 분노는 오히려 나은 점이 있다. 갑작스럽게 타오르기는 하지만, 또 순간적으로 소멸하기 때문이다. '참을 인(忍) 자 셋이면 살인도 피할 수 있다'라는 우리 속담은 분노의 단기적인 특징을 잘 보여준다. 이런 모습은 다른 감정과 크게 다르지 않다. 유쾌한 감정도 시간이 흐르면 줄어들고, 아무리 슬퍼도 펑펑 울고 나면 개운해지는 등 자체적으로 소멸하고 반전된다.

하지만 욕심은 그 양태를 완전히 달리한다. 겉으로 잘 드러나지 않지만, 장기간 지속되면서 쉽게 꺾이지 않고, 한번 생기면 점점 커지는 매우 독특한 성질을 지니고 있다. 한마디로 다른 감정과는 완전히 결을 달리하는 매우 위험한 변종의 모습이다. 문제는 이 욕심을 방치하면 '반드시' 반격을 일으킨다는 점이다. 나의 욕심을 보는 주변 사람들을 자극해 공격을 유발하게 하고, 분수를 넘어서는 욕심은 여지없이 경제적 타격, 혹은 관계의 문제를 유발한다. 따라서 욕심에 관한 한 매우 철저한 주도권을 가져야만 한다.

여기에서의 주도권은 내가 그 욕심을 부려도 될 자격이 있는가, 그리고 그것을 위해 충분하고 정당한 대가를 치를 수 있느냐라는 점에서의 주도권이다. 욕심은 매우 강한 에너지이므로 잘만 다루면 나의 발전과 성장에 도움이 되지만, 그렇지 못할 때는 나를 위험에 빠뜨리는 첫 번째 주적(主敵)이 된다.

점점 커지는 욕심의 원심력

『춘추좌씨전』에는 회벽유죄(懷璧有罪)라는 고사성어가 등장한다.

춘추전국시대 우나라를 다스리고 있던 우공(虞公)이 있었다. 어느 날 그는 동생 우숙이 가지고 있던 옥구슬이 갖고 싶었다. 그래서 옥구슬을 줄 수 있겠냐고 물었지만, 이를 아끼던 동생은 거절했다. 그런데 얼마 가지 않아 동생은 곧 마음을 바꿔 형에게 옥구슬을 바치며 이렇게 이야기했다.

"주나라의 속담 중에 '죄가 없는 평범한 사람이 값비싼 구슬을 가지면 그것이 곧 죄가 된다'라고 했습니다. 제가 이것을 가지고 화를 불러들일 필요는 없다고 생각합니다."

우공은 흡족해서 옥구슬을 받아들였지만, 얼마 가지 않아 동생이 가지고 있던 보검도 갖고 싶어졌다. 동생의 입장에서는 보검 역시 평소에 매우 아끼던 것이라 선뜻 넘겨주기는 쉽지 않았다. 그런데 동생의 생각은 좀 더 깊어졌다. 형 우공은 만족을 모르는 사람이기 때문에 언젠가는 자신의 목숨마저 빼앗을지도 모른다는 생각이 들었기 때문이다. 결국 동생 우숙은 반란을 일으켜서 형의 궁궐로 쳐들어갔고, 우공은 살기 위해 도망갈 수밖에 없었다.

이와 비슷한 또 하나의 이야기가 있다.

춘추시대 말의 진나라는 여섯 개의 세력이 연합하여 나

라를 구축하고 있었다. 지백(知伯)의 세력이 가장 강하고 컸으며, 그 밑으로 범 씨, 행 씨, 한 씨, 위 씨, 조 씨가 있었다. 어느 날 이 중 범 씨와 행 씨가 지백의 말을 거스르기 시작하자, 지백은 다른 세력과 연합해서 그 둘을 멸족시켜 버리고 말았다. 그러나 그때부터 지백의 욕심이 점점 커지기 시작했다.

어느 날 지백이 한 씨에게 땅을 더 내놓으라고 했고 이에 한 씨는 격분했지만, 세력이 약했으니 어쩔 수 없는 일이었다. 이후 지백은 또다시 위 씨, 조 씨에게도 차례로 땅을 요구했다. 이들도 무척 억울해서 땅을 주지 않고 버텼다. 이에 지백은 과거처럼 또다시 세력을 연합해서 이들은 멸족시키려고 했으나, 이번에는 그간 억울한 일을 당했던 세력들이 연합해서 오히려 지백을 역공해 멸족시켜 버리고 말았다. 이 두 이야기의 공통점은 명확하다. 욕심은 줄어들지 않고 계속해서 커지며, 그것은 반드시 주변의 원한을 불러 반격하게 한다는 점이다.

쾌락의 쳇바퀴, 혹은 역설

우선 먼저 살펴볼 것은 왜 욕심이 계속해서 커지는 성질을 가지느냐는 점이다. 슬픈 사람도 한없이 슬퍼지지는 않고, 기쁜 사람도 시간이 지나면 기쁨이 잦아든다. 하지만 욕심은 전혀 다르다. 이를 두고 경제학자들은 '쾌락의 쳇바퀴'라고 부르고, 이로 인한 결과를 철학자들은 '쾌락의 역설'이라고 부른다.

1970년대 심리학자 필립 브릭먼(Philip Brickman)과 그의 동료는 쾌락이라는 영역에 처음으로 '적응'이라는 개념을 연결했다. 한 단계의 쾌락이 와도 시간이 흐르면 그것에 적응되면서 다음부터는 더 큰 쾌락을 추구하게 된다는 점이다. 하버드대학의 연구에 의하면 로또에 당첨되거나 오랜 시간 원했던 출세를 하더라도 그 기쁨의 효과는 3개월밖에 되지 않고 적응된다. 역시 결국 더 큰 쾌락을 추구하게 된다는 이야기다. 그래서 욕심은 무한정 돌아가는 쳇바퀴가 된다. 문제는 욕심이 영원히 채워질 수 없으므로 강하게 추구할수록 불만족과 고통은 더 커지면서 '쾌락의 역설'이 생기게 된다.

앞에서 등장했던 주나라의 속담인 '죄가 없는 평범한 사람이 값비싼 구슬을 가지면 그것이 곧 죄가 된다'라는 말도 바로 이런 맥락에서 해석할 수 있다. 처음에는 그저 평범한 사람이었지만, 일단 값비싼 구슬이라는 쾌락을 한번 맛보게 되고 그것에 적응하게 되면 더 값비싼 물건을 원하게 되어 결국 그것이 죄를 부를 수 있다는 의미이다.

그런데 욕심의 문제에서 최대의 걸림돌은 과연 어디부터 욕심이고 어디까지가 건강한 희망이냐는 점이다. 대체로 여기에서는 "욕심이 과하다"거나 "욕심이 분수에 넘치면 안 된다"라는 조언을 하지만, 이 과함과 분수의 기준 자체가 애매하다. 따라서 누군가는 "욕심을 부리지 마라"고 말해도, 정작 당사자는 "정당한 희망이야"라고 말할 수 있다. 그래서 우리에게는 새로운 기준이 필요하다. 그것은 바로 '자격과 대가'이다. 자격은 내가 무엇인가를 원할 때 그에 걸맞게 노력하고 있는지의 여부이며, 그 목표를 위해 일정한 대가를 치르고 있느냐는 차원이다.

열심히 일해서 100억 원을 번 사업가가 더 큰 노력을 하고, 그에 걸맞은 투자를 해서 150억 원을 벌고 싶다면 이는 욕심이 아닌 희망이다. 하지만 사업에 대한 어떠한 노력도, 그에 걸맞은 대가도 치르려고 하지 않는 사람이 갑자기 1억 원을 벌고 싶다고 한다면 이는 그 액수에 상관없이 욕심이 된다. 여기에서 과거의 욕심에 관한 기준인 '과하다'의 관점에서 본다면 1억 원보다는 50억 원이 훨씬 더 과하다. 하지만 '자격과 대가'라는 기준에서 본다면 1억 원을 원하는 사람이 바로 욕심쟁이가 된다. 앞의 고전 이야기에 등장한 우공과 지백은 자격을 갖추지 못했고, 대가도 치르지 않은 상태에서 원했으니 그것은 곧 욕심일 뿐이다.

고통을 부르는 욕심

희망과 욕심을 가르는 또 하나의 기준이라면 그것은 바로 나, 혹은 나와 관련된 사람의 고통이다. 욕심은 필수적으로 고통으로 직결되기 때문이다. 『팔만대장경(八萬大藏經)』에는 욕심에 관해 이렇게 묘사하고 있다.

"욕심은 만족을 모르는 불가사리이며, 수많은 고통을 부르는 나팔이다."

정당한 자격과 대가를 치르지 않으면서 추구되는 욕심은 필히 다른 이들이 대가를 치르도록 강요하고, 그들이 가진 정당한 자격을 박탈하면서 얻어진다. 그런 점에서 욕심과 고통은 한 몸이라고 할 수 있다.

욕심과 고통의 관련성은 서양의 인문학에서도 찾아볼 수 있다. 단테는 그의 저서 『신곡(神曲)』에서 욕심을 '휘몰아치는 태풍'에 비유하면서 이렇게 적고 있다.

"지옥의 휘몰아치는 바람은 결코 쉬는 법이 없다. 바람은 이 영혼들을 자신의 힘으로 끌고 다닌다. 그리고 그들을 바람에 날려 보낸다. 그들은 뒹굴고, 부딪히고, 결국은 괴로워 소리친다."

어떤 면에서 욕심은 인간의 어리석은 속성을 잘 보여주는 대표적인 감정이다. 보통 누군가를 멍청하다거나 어리석다고 표현할 때에는 자신의 행동이 자신에게 나쁜 결과를 가져올 때이다. 욕심이 바로 이와 똑같다. 스스로 추구하면서 스스로 자신과 주변에 고통을 일으키기에 멍청한 일의 대명사이다.

미국의 작가 로버트 A. 하인라인(Robert A. Heinlein)은 이렇게 말했다.

"인간의 멍청함이 가진 힘을 과소평가하지 마라."

우리는 늘 이 말을 되새겨야 한다. 자신이 가진 멍청함이 끊임없이 발휘될 수 있음을 인식하고, 내 마음이 욕심으로 물들어 인생의 고통스러운 흑역사를 반복하지 않는지 경계해야 한다.

한계를 돌파하려면 선부터 넘어야 한다

주도권을 가로막는 심리 상태의 극복

PART 5

intro

한계를 돌파하는 것은 늘 자기 자신과의 싸움이라고는
하지만, 한계는커녕 그저 내 마음속에 그려 놓았던 희미한
경계선조차 넘지 못하는 사람들이 있다. 물론 핑계는 많고
이유도 합리적이다. 하지만 한계를 돌파하는 것은 원래부터
합리적일 수 없는 일이다. 이제까지 내 몸과 생각에 최적화된
습관을 뛰어넘는다는 것 자체가 이미 과거의 눈에는
비정상적인 일이기 때문이다. 그러니 거부감이 작동하고,
이것을 넘어서지 못하면 결국 다시 과거로 회귀할 뿐이다.
그래서 **중요한 것은 한계를 돌파하는 원대한 꿈이 아니라
내 마음속의 작은 선부터 넘어서는 일이다.** 이렇게 하나둘,
선을 넘기 시작하면 나의 활동 영역이 점점 넓어지면서
결국 한계선까지 다가갈 수 있다. 뿐만 아니라 원래 가보지
못한 곳에 대해서는 막연한 환상과 과도한 풍문이 있게
마련이다. 따라서 막상 점점 선을 넘으면서 최종적으로 만난
한계는 생각보다 크지도, 견고하지도 않을 수 있다. 거기다가
이제까지 선을 넘으면서 조금씩 길러왔던 체력과 정신력이
자신의 한계를 생각보다 더 작게 만들 수 있다. 두려움 없이,
부담도 없이 이제 조그만 선부터 넘어가기 시작해 보자.

과거가 현재를 지배하고, 미래가 현재를 공격하지 못하게 하라
상황을 바라보는 시각의 주도권을 확보하기 위해

"마음을 같이 하는 자의 눈으로 보면
세상의 모든 것이 하나일 뿐이다."

주도권을 쥐려는 행위는 침착하게 상황을 분석하고 과감하게 돌진하는 것이기 때문에 일단 마음의 디폴트 값은 긍정적이고 평온한 상태여야만 한다. 또 판세가 자신에게 불리하게 돌아가는 상황에서라도 조그마한 틈과 기회까지 찾아내야 하니, 상황을 비관적으로만 바라보는 사고는 최대한 자제해야만 한다. 하지만 끊임없이 찾아오는 불안과 평정을 깨는 상황 속에서도 마냥 내 마음을 조절하겠다는 의지를 가지는 일도 쉽지는 않다.

문제의 해법은 다각도에서 찾을 수 있겠지만, '시간'이라는 차원에서 접근해 보는 것도 매우 훌륭한 방법이다. 우리의 머릿속에는 '과거-현재-미래'라는 인식의 틀이 아주 단단하게 자리 잡고 있다. 그리고 이 틀은 우리의 모든 행동에 뿌리 깊게 박혀서 작동한다. 아침에 일어나자마자 어제의 기억이 떠오르기도 하고, 수시로 오늘 저녁에 해야 할 일들이 생각나면서 과거-현재-미래는 한꺼번에 내 안에서 요동치게 된다.

여기에다 지난달, 1년 전, 그리고 1년 후와 10년 후까지 생각하게 되면 우리의 마음은 수많은 물길이 들이닥치는 혼란의 한복판이 되고 만다. 물론 인간 의식의 자연스러운 흐름이라고 하지만, 만약 평정과 긍정의 상태를 유지하려고 한다면 이 인식의 틀에서 계속해서 벗어나려는 노력을 해볼 필요가 있다. 그래야 과거의 기억이 오늘 나의 발목을 잡고, 미래에 대한 불안이 현재의 나를 위축시키는 일을 피할 수 있기 때문이다.

무시무시한 긍정의 상태

과거 공자의 밑에서 배우며 공부했던 제자들의 숫자는 약 3천 명 정도로 알려져 있다. 한 사람 밑에 이 정도의 제자가 몰렸다는 것은 분명 예나 지금이나 대단한 일임에 틀림없다. 그런데 공자만큼이나 많은 제자가 몰린 또 한 명의 걸출한 인물이 있었으니, 바로 왕태(王駘)였다. 그런데 그는 한때 죄를 지어 발을 잘리는 벌을 받아 걷는 것도 매우 불편한 사람이었다. 이런 그에게 수많은 제자가 있다니, 이를 궁금해한 한 제자가 공자에게 이렇게 질문했다.

"왕태는 죄를 지었음에도 불구하고 그를 찾는 사람이 많고, 그 명성은 매우 높습니다. 그런데 그는 별로 가르치는 것도 없고, 그렇다고 의논을 자주 하는 사람도 아닙니다. 그럼에도 그를 찾아갔던 사람들은 반드시 흡족해하고 돌아가곤 합니다. 몸이 불구임에도 이렇게 덕이 넘친다니, 참으로 이상한 일입니다. 그는 어떻게 해서 자신의 마음을 다스리고 있는 것일까요?"

이에 공자는 자신도 왕태를 무척이나 존경하고 있으며 그의 마음의 태도, 세상을 보는 자세 등을 언급하면서 마지막에 이렇게 말하고 있다.

"그는 비록 발을 잘렸지만, 그것을 흙에 떨어뜨린 것처럼 조금도 마음에 두고 있지 않으니 정말 훌륭한 인물이라고 할 수 있다."

우리는 잘려 버린 발을 마치 중요하지 않은 물건을 흙에 떨어뜨린 것처럼 쉽게 생각할 수 있을까? 매일 일상을 불편하게 하는 상황에서 과거의 사건은 끊임없이 소환될 텐데, 왕태는 그 과거의 시간을 완벽하게 버리는 능력을 발휘하면서 어마어마한 긍정으로 똘똘 뭉칠 수 있었다. 그 결과, 과거가 현재의 나를 발목 잡는 일에서 완전히 자유로워지게 됐고, 자신의 신병을 비관하지 않고 새로운 기회를 잡으면서 많은 제자를 거느릴 수 있었다. 응어리진 과거의 슬픔과 상처에서 벗어나는 일이 쉽지는 않다. 하지만 타임머신을 타고 과거로 돌아갈 수 없는 한, 그 유일한 해결책은 그저 '흙에 떨어뜨린 것처럼 조금도 마음에 두지 않고' 오로지 현재에만 초집중하는 왕태의 방법이 결국 최고의 해답이 될 수밖에 없다.

무엇에 집중할 것인가?

한때 '원영적 사고'라는 것이 밈으로 전파된 적이 있었다. 한 아이돌 그룹 멤버의 이름을 딴 사고방식을 말한다. 예를 들어 유명 빵집에서 긴 줄을 섰는데, 마침 자신이 빵을 사야 하는 차례인데 빵이 다 팔렸다. 이때 짜증이 나고 '재수 없는 하루'를 탓할 수도 있겠지만, 원영은 이렇게 생각했다.

> '조금 더 기다려야 하지만, 너무도 럭키하게 내가 새로 나온 빵을 살 수 있게 됐어. 역시 행운의 여신은 나의 편이야!'

'기다리다가 내 차례에서 못 샀다'라는 아쉬움에 집중하는 것이 아니라, '새로 나오는 첫 빵을 살 수 있다'에 초집중했기에 가능한 일이다. 그 자리에서 짜증을 내봐야 결국 내 감정만 상할 뿐, 빵을 사겠다는 목표가 명확하다면 과거는 잊고 현재를 살아가며 다시 평정과 긍정을 되찾아 올 수 있다.

왕태와 원영처럼 과거를 잊고 현재로 돌아왔다면 그다음 해결해야 할 것은 바로 미래이다. 사실 대부분의 사람이 불안을 느끼는 이유는 끊임없이 미래를 생각하기 때문이다.

파리사회과학고등연구원의 교수이자 철학자, 역사학자, 진화생물학자인 다니엘 밀로(Daniel S. Milo)는 "인간이 상상력을 발휘해 미래라는 시간 개념을 발명한 후, 인간에게는 숙명처럼 불안이 따라왔다"라고 말한다. 그래서 인간은 동물 중에서는 유일하게 아직 발생하지 않은 미래에 의해서 현재 속에서 고통받는 존재이기도 하다. 물론 미래를 생각하는 이 인간의 특성으로 인해, 끊임없이 위험을 대비하고 안전을 추구할 수 있다. 하지만 동시에 그 부작용으로 인해 고통받는 것도 엄연한 현실이 아닐 수 없다.

하지만 단지 미래를 걱정한다고 미래가 더 밝아지지는 않는다. 오히려 현재에 집중해서 좋은 성과를 차곡차곡 쌓아나갈 때, 미래는 그냥 저절로 밝아질 뿐이다. 그러니 이제 우리에게는 미래를 걱정해야 할 일은 존재하지 않는다. 그래서 '현재를 즐기라'는 의미의 카르페 디엠(Carpe diem)은 미래가 현재를 공격하면서 생기는 중압감에서 벗어나게 하는 매우 효과적인 주문이다.

한계를 돌파하는 작은 힘

이렇게 과거와 미래를 잊으면서 반드시 해야 할 것이 하나 있는데, 그것은 바로 '작은 행동'을 시작하는 일이다. 이것은 현재에 초집중하게 하는 우리의 전략을 더욱 강화해 주는 2차 방어벽이라고 할 수 있다.

　　보통 불안하고 부정적인 상태가 되면 마음이 위축되어 행동력이 크게 떨어지는 경우가 많다. 사람을 만나지 않고 집 안에 머물거나, 평소 하던 산책이나 운동도 쉽게 하지 못한다. 하지만 심리학에서는 "불안과 걱정의 영향력은 행동의 힘을 넘어서지 못한다"라고 말한다.* 창문을 열어 환기하는 것, 친구와 대화하며 도움을 요청하는 것, 하다못해 문제의 해결을 위해 인터넷을 검색하는 것도 모두 이러한 작은 행동에 속한다. 중요한 사실은 이러한 작은 행동이 결국에는 회오리바람을 일으켜 자신과 세상을 변화시킨다는 점이다.

　　공자의 손자인 자사(子思)가 저술한 책 『중용(中庸)』 23장은 이를 잘 보여주고 있다.

　　"작은 일도 무시하지 않고 최선을 다해야 한다. 작은 일에도 최선을 다하면 정성스럽게 된다. 정성스럽게 되면 겉에 배어 나오고, 겉으로 드러나면 이내 밝아지고, 밝아지면 남을 감동시키고, 남을 감동시키면 이내 변하게 되고, 변하면 생육

---

*　　박진영, '무기력함 이겨내는 것은 작은 행동', 동아사이언스, 2022. 5. 28

된다. 그러니 오직 세상에서 지극히 정성을 다하는 사람만이 나와 세상을 변하게 할 수 있다."

우리는 늘 자신이 가진 한계를 돌파하고 싶어 한다. 그것이 나의 발전과 성장을 끌어낼 수 있다고 믿기 때문이다. 그리고 그렇게 한계를 돌파하여 내가 원하는 상태에 이르면 여러 방면에서의 주도권을 내게 끌어올 수 있다. 나쁜 생활 습관을 극복하면 매일의 도전적 과제를 잘 수행해 낼 수 있으며, 마음의 부정적 편향을 극복하면 더 행복한 생활을 가져올 수 있다. 하지만 한꺼번에 한계를 돌파하는 일은 쉽지 않다. 불안하고 부정적인 상태에서 그것을 이뤄내는 일은 더더욱 어렵다.

이제는 원대하게 한계를 넘는다는 생각보다 바로 내 앞의 출발선부터 넘어보자. 과거와 미래를 잊고, 작은 행동에 집중하는 것은 바로 한계를 돌파하는 첫 번째 발걸음이다.

터널을 빠져나갔는데도 밤이라면,
그때는 마음의 불을 켜라
강한 의지는 우리를 어떻게 변화시키는가

"당신은 초나라로 간다고 하면서
어찌 북쪽으로 가는 것입니까?"

어느덧 '희망'이나 '낙관'이라는 말을 쓰기가 무척 어려운 시대가 됐다. 한때 꿈과 열정이 강조되는 사회적 분위기도 있었지만, 이제는 그 자그마한 불꽃마저 더 약해진 느낌이다. 지난 2023년 4월 국회미래연구원이 조사한 바에 따르면, 20대 중에서 '앞으로는 더 좋아질 것'이라고 낙관한 사람은 100명 중 채 7명이 되지 않았다. 93명이 희망과 낙관을 말하지 못했다는 것은 현 상황이 어떤지를 잘 말해주고 있다. 당시 조사를 위해 연구원이 면접 인터뷰했을 때 한 청년은 이렇게 말했다.

"저에게 미래는 터널이에요. 그런데 터널은 처음 들어갈 때랑 나올 때랑 풍경이 좀 다르지 않나요? 하지만 길고 긴 터널에서 겨우 나왔더니 계속 밤이면 어쩌죠?"

불안에 절망이 겹친 마음, 그것은 바로 '터널 후의 밤'이라고 표현할 수 있을 것이다. 이런 상황에서 사람이 갖는 심리 상태가 하나 있다. 바로 희망과 낙관을 스스로 지우면서도 마음의 안정감을 찾기 위해 '목표 없는 삶'을 추구하는 것이다. '그냥 목표 없이 편하게 사는 게 제일이야', '차라리 현재를 즐기고 나다움을 찾는 것이 낫지 않아?'라고 여긴다. 하지만 인간은 본능적으로 목표가 없는 삶을 살 수는 없다. 그것은 불가능한 일이다. 결국 다시 희망과 낙관을 꿈꾸기 위해서는 마음의 힘을 다시금 챙겨야만 한다. 그것이 '터널 후의 밤'을 이겨낼 수 있는 유일한 방법이기 때문이다.

실제 행위와 인식의 불일치

전국시대 위나라의 왕은 천하를 자신에게 복속시켜 패왕이 되기 위한 목표를 가지고 있었다. 어느 날 위왕은 조나라가 혼란한 틈을 타서 도읍지였던 한단을 공격하려는 계획을 세웠다. 이때 유능한 참모 중 한 명이었던 계량(季梁)이 왕에게 이렇게 이야기했다.

"길에서 어떤 사람을 만났는데, 그는 남쪽의 초나라로 간다고 하면서 정착 북쪽으로 마차를 몰아가고 있었습니다. 그래서 제가 '당신은 초나라로 간다고 하면서 어찌 북쪽으로 가는 것입니까?'라고 물었습니다. 그러나 그는 '이 말은 아주 잘 달린답니다', '저는 돈도 넉넉하게 있습니다', '마부가 말을 매우 훌륭하게 몬답니다'와 같은 전혀 엉뚱한 대답을 했습니다. 계속 그렇게 한다면 그 사람은 결국 초나라와 멀어질 수밖에 없는 것은 당연한 이치입니다. 저는 왕께서 천하를 복속시키려는 목표를 가지고 있다는 사실을 잘 알고 있습니다. 하지만 그렇게 무력에만 의지해 한단을 공격한다면 영토를 확장하고 명성을 떨칠 수는 있어도, 천하를 복속시키겠다는 왕의 목표로부터는 멀어지게 됩니다."

이 이야기에서 탄생한 말이 바로 남원북철(南轅北轍)이다. 이 말은 실제로는 북쪽으로 가고 있으면서, 자기 스스로는 남쪽으로 가고 있다고 믿는 모순된 인식을 지적하는 것이다. 거기다가 "왜 반대 방향으로 가고 있냐?"라는 질문에 제대로 된 답을 하지 못하는 것은 현재 자신의 상황을 제대로 파악하지 못하고 있음을 의미한다.

　　현실에서 이러한 사람이 있겠냐 싶겠지만, '목표 없는 삶을 꿈꾸는 사람'이 딱 이와 같은 상태이다. 왜냐하면 '목표 없는 삶을 살겠다'라는 것 자체가 이미 목표이며, '오늘을 편안하게 즐기면서 살겠다'라는 것도 역시 목표 가득한 행위가 아닐 수 없기 때문이다. 실제로는 북쪽으로 가고 있으면서, 자기 스스로는 남쪽으로 가고 있다는 모순된 인식에 불과하다.

강한 의지가 만들어 내는 결과

이 세상에 목표에서 벗어나 있는 사람은 단 한 명도 존재하지 않는다. 밥 한 끼를 먹는 것도 배가 부르겠다는 목표를 가지고 있으며, 밤에 잠을 자는 것도 피곤을 풀겠다는 명확한 목표가 있다. 삶의 희망을 잃어 목표라는 것은 아예 없는 것처럼 보이는 고립 은둔 청년 역시 '세상과 나를 단절시키겠다'라는 명확한 목표를 가지고 있다. 목표를 잊고 싶다는 것은 단지 너무 지치거나 힘들어서 무기력해졌다는 것의 다른 표현일 뿐이다.

　　우리는 목표를 설정하는 것이 가진 힘을 좀 더 다방면으로 살펴볼 필요가 있다. 목표는 단순한 스케줄링이 아니다. 목표를 설정하는 것 자체가 이미 내 안의 의지를 한껏 끌어올리는 행위이기 때문이다. 즉 의지가 있어야 목표를 설정하는 것이 아니라, 목표를 세우면 의지가 함께 발현된다. 이는 의학적인 관점으로도 접근이 가능하다.

미국의 한 내과의사는 많은 암 환자와 대화하면서 한 가지 깨달은 사실이 있다고 말했다. 즉 '딸이 결혼하는 모습을 보고 싶다'거나 '아들의 졸업식을 가고 싶다'라는 목표를 가지게 되면, 그것을 이루어 내려는 의지가 강해지고, 실제 더 오래 생존하게 된다는 점이다.* 그 어떤 최첨단 의학 기술도 늘릴 수 없는 인간의 수명을 '의지'가 늘린다는 점을 반드시 주목해야 한다. 과거에도 이렇게 강인한 의지를 높이 사는 이야기들이 있다.

한나라에는 뛰어난 활쏘기 솜씨를 가진 이광(李廣)이라는 맹장이 있었다. 전쟁에 참여해 많은 성과를 올렸지만, 억울한 누명을 쓰고 평민이 된 그는 어느 날 사냥을 나갔다. 그때 풀 속에 매우 무서운 호랑이가 슬쩍 얼굴을 비쳤다. 깜짝 놀란 이광은 반드시 죽여야겠다는 의지로 재빠르게 활을 쏘았고 명중

---

*   '목적 있는 삶 vs 없는 삶, 어떻게 다를까?', 코메디닷컴, 2021. 9. 29

했다. 그런데 가까이 가서 보니 호랑이가 아닌 돌이었다. 그 자신도 매우 신기해서 다시 한번 화살을 쏘았더니 힘없이 튕겨 나가 버리고 말았다. 이는 인간의 의지가 얼마나 강한지를 잘 보여주는 이야기다. '돌을 호랑이로 알고 활을 쏘았더니 돌에 화살이 꽂혔다'라는 의미의 사석위호(射石爲虎)이다.

단기적인 목표 추구가 유용한 이유

장기적인 목표를 추구하는 것에 너무 지쳐 있다면 단기적인 목표라도 세워서 의지력을 끌어올릴 필요가 있다. 교육 심리학계의 석학이라고 불리는 미국 스탠퍼드대학 심리학 명예교수인 앨버트 반두라(Albert Bandura)는 단기적인 목표를 가진 학생, 장기적인 목표를 가진 학생, 아예 목표를 갖지 않은 학생의 성적을 비교 분석하는 연구를 한 적이 있다.

한 집단에는 1시간 동안 6페이지의 문제를 풀고 난 후 그 과정을 7번 반복하도록 했다. 이렇게 하면 총 42페이지에 해당하는 문제를 풀게 되는 셈이다. 또 한 집단에는 한꺼번에 7시간을 주면서 42페이지의 문제를 풀도록 했다. 그리고 또 다른 한 집단에는 문제집만 주고 알아서 하라고 했다. 이 중에서 가장 성적도 좋고, 흥미가 높아진 집단은 첫 번째 집단이었다. 사실 첫 번째 집단과 두 번째 집단이 문제를 푸는 시간과 총량은 동일하다. 하지만 목표를 짧게 잡고 1시간씩 끊었더니 흥미와 성취도가 더 높아졌다. 결과적으로 장기적인 인생의 목표 추구에 너무 지쳐 있다면, '오늘 하루의 목표'에서부터 시작하는 것이 훨씬 유용한 방법이다.

"길고 긴 터널에서 겨우 나왔더니 계속 밤이면 어쩌죠?"라고 말했던 청년의 심정은 충분히 이해가 간다. 하지만 밤이라고 하더라도 가야 할 곳에 가지 않을 수는 없으며, 목표 없는 삶이란 존재하지 않는다. 지친 몸과 마음을 쉬었다면, 다시 한번 의지를 끌어내고 마음의 불을 밝혀야 한다. 조금이라도 단기적인 목표를 추구해 나갈 수 있다면, 터널 이후에 밤이 펼쳐져도 조금 더 가볍게 길을 걸어 나갈 수 있을 것이다.

차선이 모여 최선이 되고,
최선이 계속되면 최고가 될 수 있다

부담에서 벗어나 임기응변의 태도를 유지하라

"독(毒)은 독으로 제거해야 한다."

우리는 때로 너무 많은 것을 한꺼번에 바꾸려고 시도하곤 한다. 습관이나 생활 태도, 정신 자세를 바꾸려는 노력의 과정에서 빠르고 확실하게 무엇인가를 얻어내고 싶은 마음이 강하기 때문이다. 결심을 했지만 3일도 가지 않는 작심삼일이 빈번하게 발생하는 것도 바로 여기에서 기인하곤 한다.

주도권을 쥐는 일도 마찬가지다. 이제까지 잃어버렸던 주도권을 한 번에 되찾아 오는 일은 쉽게 일어나지 않는다. 세상의 모든 변화와 마찬가지로 주도권도 조금씩 가져오다가 결국 균형의 추가 완전히 내게로 쏠리는 일이다. 그러니 심리적인 부담과 단번에 무엇인가를 이루려는 마음을 내려놓고 때와 상황에 맞춰서 적절하게 지속하는 힘을 가져야만 한다.

　　이럴 때 무엇보다 필요한 것이 바로 임기응변(臨機應變)이다. 그런데 이 임기응변이라는 말은 자주 부정적인 의미로 사용된다. '임기응변식 미봉책'이라거나 '임기응변으로 땜질하려고 한다'라는 표현이 그것이다. 그러나 악의적으로 임기응변으로 일관하는 것이 아닌 이상, 이러한 자세는 끊임없이 차선책을 찾아내어 차곡차곡 성과를 쌓아서 최선에 이르게 하는 방법이 된다. 그리고 이것을 계속해서 이어 나갈 수 있다면, 결국 애초에 원하던 최고의 경지에 오를 수도 있다. 수레가 삐걱거리니 가지 않겠다는 포기의 자세보다 삐걱거리면서도 계속 나아간다면 반드시 원하는 목표에 좀 더 가까워질 것이기 때문이다.

둘 다 제거할 수 없다면, 우선 한 명이라도…

『삼국지』 앞부분에는 조조가 악당 동탁을 죽이려다가 실패한 이야기가 나온다. 하지만 당시 그 일의 배경에는 왕윤(王允)이라는 인물이 있었다. 그는 동탁의 신하였지만, 나라에 대한 충성심과 강직한 성격으로 인해 더 이상 동탁의 악행을 묵인할 수 없었다. 비록 조조가 암살에 실패했지만, 왕윤은 계속해서 암살 시도를 이어 나갔다.

그런데 문제는 동탁을 지켜주고 있는 무사 여포(呂布)였다. 그는 당시 사상 최강의 전투력을 자랑하는 것은 물론, 동탁의 양아들이었기 때문에 그 누구도 쉽게 동탁을 제거할 수 없는 상황이었다. 결국 나라를 생각한다면 최선의 방법은 동탁과 여포 둘 다를 제거하는 일이지만, 이는 불가능에 가까운 일이었다. 결국 왕윤은 자신을 따르는 일부 신하들과 회의를 한 후, 이렇게 결론을 내렸다.

"독(毒)은 독으로 제거해야 한다."

둘 다 한꺼번에 제거할 수 없으니, 일단은 차선책으로 여포를 꾀어 동탁을 제거하기로 했다. 이에 왕윤은 은밀하게 여포를 만나 포상과 지위를 미끼로 동탁을 살해하기로 의기투합했고, 그 결과는 성공적이었다.

이 이야기에서 생긴 고사성어가 바로 권의지계(權宜之計)로, 때와 장소에 따라 적절한 방법을 동원해야 한다는 의미이다. 바로 최선을 다할 수 없다면 차선책을 선택해서라도 변화의 계기를 마련해야 한다는 의미이다. 그도 그럴 것이 '동탁+여포'가 지배하는 세상보다는 그래도 동탁이 사라진 세상이 조금은 더 나을 것이기 때문이다.

이러한 자세는 끊임없이 임기응변의 태도를 갖출 때 가능하다. 원래 이 말의 정확한 의미는 '기회에 임하고, 변화에 부응한다'이다. 애초에 '땜질'이나 '미봉책'과 같은 부정적인 의미와는 전혀 관련이 없다. 그저 기회가 오면 충실하게 임하고, 변화가 있다면 그에 따라 유연하게 현실에 맞춰 나간다는 의미일 뿐이다.

이를 가장 잘 나타내주는 말이 바로 '척(尺, 33센티미터)도 짧을 때가 있고, 촌(寸, 3.3센티미터)도 길 때가 있다'라는 말이다. 세상을 살아가면서 분명 내 머리로는 길고 짧음이 명확하지만, 막상 현실에서는 정반대의 상황이 벌어질 수 있다는 의미이다. 그러니 끊임없이 현실에 맞춰 자신을 변화시키고, 애초의 목표를 조금씩 수정해 나가는 것이 필요하다.

변화가 나타나면, 그것에 부응하라

방송 출연과 유튜버로 유명한 유현준 건축가는 연세대 건축과에 이어 MIT와 하버드대학원에서 건축 설계로 석사 학위까지 받은 인물이다. 하지만 그는 처음에는 자신에게 건축에 대한 재능이 있는지, 혹은 계획대로 잘 가고 있는지 의심스러워 늘 불안한 마음을 가지고 있었다고 한다. 하지만 그는 그 힘든 시기를 이렇게 이겨냈다.

"내가 계획했던 대로 되는 길은 없습니다. 그래서 인생이란 길이 열리는 대로 가야 합니다. 차선이 모여서 최선이 되는 거니까요."

길이 열린다 싶으면 재빠르게 한 걸음을 더 내딛고, 최선이 아닌 차선이라도 계속해서 쌓아 나가라는 의미이다.

아카데미 4관왕을 거머쥔 〈기생충〉의 봉준호 감독도 무엇인가에 대해 집착하고 미리 겁부터 내는 자신의 모습 때문에 적지 않게 힘든 시기를 보내야 했다고 한다. 이 과정을 통해서 그가 배운 것은 최선에 대한 집착을 내려놓고, 끊임없이 현실에 맞춰서 앞으로 나아가는 것이었다.

"영화인들에게 있는 궁극의 공포는 집착 때문입니다. 집착하는 그 무엇이 해결되어야 하는데, 그것이 잘 안 될까 봐 미리 겁을 내는 것입니다. 머릿속의 이미지가 그대로 영상에 담길지, 콘티가 제대로 작성이 될지, 편집에서 묘수가 나올지, 음악과 사운드는 잘 될지에 대한 끊임없는 걱정과 겁에 내쫓깁니다. 하지만 궁극의 공포란 영원히 해소되지 않는 것이기 때문에 그냥 짊어지고 나갈 수밖에 없습니다. 자신에게 계속 최면을 걸면서 앞으로 나가야 합니다."

이 역시도 최선은 없으니, 계속해서 차선책을 선택하면서 임기응변을 발휘해야 한다는 의미이다.

현실에 부응해야 하는 직업이라면

세상의 변화에 부응해야 하는 사람들에게는 무엇보다 중요한 지혜가 바로 임기응변이기도 하다. 사업을 하거나, 소비자의 취향에 민감한 작업을 해야 하는 사람들에게는 이보다 더 중요한 것이 없다.

전국시대의 백규(白圭)는 상업에서 성인(聖人)이라는 의미인 상성(商聖)으로 불렸다. 그의 사업 철학을 한마디로 요약하면 '남이 취하면 나는 버리고, 남이 버리면 나는 취한다'였다. 그는 풍년이 들어서 곡식이 넘쳐나면 이를 사들이고, 흉년이 되어 곡식이 부족하면 팔아치웠다. 사람들이 의복과 가구를 사지 않을 때 이를 대량으로 사들이고, 반대로 의복과 가구를 살 때는 대량으로 팔았다. 이러한 전략으로 그의 재산은 매년 두 배로 늘었다고 한다. 그런데 그가 무엇보다 중요하게 여긴 삶의 지침이 바로 임기응변이었다. 백규는 이런 말을 한 적이 있다.

> "많은 사람이 내게 사업을 배우려고 했지만, 임기응변의 지혜도 없고, 결단하는 용기도 없으며, 베풀 줄 아는 어진 심성도 없고, 지켜야 할 것은 지키는 지조도 없는 사람들에게는 가르쳐 주지 않았다."

그가 사업을 잘할 수 있는 첫 번째 현명한 지혜로 임기응변을 꼽았다는 것은 그것이 얼마나 중요한지를 잘 보여준다. 결국 임기응변은 삶의 변화를 추구하는 과정에서도, 그리고 세상에서 자신이 원하는 것을 쟁취하는 과정에서도 매우 절실한 덕목이라고 할 수 있다.

마음의 허기를 채우려다
마음을 빼앗기지 마라
부족한 것을 부족한 그대로 놔두는 지혜

"우리의 몸은
푸른 바다의 한 톨 좁쌀과도 같구나."

　　주도권을 스스로 넘겨주는 중요한 계기 중 하나는 바로 자신의 마음을 무엇인가에 빼앗기는 것이다. 마음이 뺏겨 무엇인가에 집착하거나 의지하게 되면 겉으로 아무리 강한 권력을 가지고 있어도 이미 휘둘리고 있다고 할 수 있다. 따라서 주도권 싸움에서 취약한 사람의 가장 큰 특징은 마음을 잘 빼앗긴다는 점이다. 누군가에게 인정받고 싶은 욕구가 큰 사람, 지나치게 외로움을 느끼는 사람, 대리만족으로 인생의 충족감을 느끼는 사람, 사람에게 의지해서 관계에 중독된 사람들은 모두 언제든 마음을 빼앗길 준비를 하고 있다고 해도 과언이 아니다. 관계에서 마음을 주고받는 일은 당연히 있는 일이지만, 그것은 상호작용일 뿐 아예 강탈당하라는 의미는 아니다.

이런 사람들은 심리적 허기를 강하게 느낀다. 굶주린 경험이 많을수록 폭식하게 되고 음식에 의존하듯, 마음의 허기가 오래된 사람들은 다른 사람에게 순식간에 마음을 주고 그것이 고착되어 늘 끌려다니는 상황을 초래한다. 물론 이럴 때는 자족적인 사람으로 변하는 것이 제일 좋은 방법이지만, 우선 '마음의 허기가 반드시 채워져야 하는 것은 아니다'라는 점부터 각인할 필요가 있다. 부족한 것을 부족한 그대로 놔둘 수 있을 때, 그리고 그것에 신경 쓰지 않는 적극적인 무관심을 실천할 수 있다면 관계에서 마음을 주고받다 아예 강탈당하는 일을 막을 수 있다.

전쟁터이자 평화의 장소, 마음

대문호로 손꼽히는 소동파(蘇東坡)는 어느 날 친구와 함께 적벽(赤碧)이라는 곳을 유람하고 있었다. 그곳은 과거 그 유명한『삼국지』최고의 전투 중 하나인 적벽대전(赤碧大戰)이 펼쳐진 장소였다. 불화살이 하늘을 날아다니고 죽어가는 병사들의 고함과 비명이 천지에 진동했으며, 때마침 불어닥친 신기한 남동풍이 전장을 휩쓸던 아수라장이기도 했다.

소동파는 적벽대전의 과거를 생생하게 알고 있었지만, 그가 지은 시에 등장하는 적벽은 전혀 다른 모습이다. 맑은 바람이 불어오고 고요한 물결이 일어나는 평온한 곳, 배 위에서 술 한잔 걸치니 날개가 돋아 신선이 되는 곳, 물고기와 새우가 짝이 되고 고라니와 사슴이 친해지는 평화의 공간이었다. 과거의 적벽과 지금의 적벽에 대한 극적인 대비를 통해서 소동파가 말하려는 것은 '부질없음'이었다. 그가 지은 시 「적벽부(赤壁賦)」에는 이런 문장이 등장한다.

"우리 인생은 천지간에 하루살이처럼 짧고,
우리의 몸은 푸른 바다의 한 톨 좁쌀과도 같구나."

한때는 천하를 차지하려는 용맹한 전사들이 치열하게 다투었던 적벽이라고 하더라도, 결국 시간은 흘러 언제 그런 일이 있었냐는 듯 조용해진다. 그리고 우리 모두가 대단한 사람인 것처럼 생각되지만, 또 한편으로는 보잘것없는 좁쌀과도 같은 존재라는 의미이다.

우리는 흔히 '부질없다'라는 표현을 통해 아무리 화려하고 유익한 것도 결국 사그라든다는 점을 말하지만, 이는 정반대의 경우에도 적용할 수 있다. 비록 한때 괴롭고 힘든 일이 있어도 그것도 결국 잦아들기 때문에 역시 '부질없다'라고 표현할 수 있다.

이러한 부질없음을 염두에 두고 있다면, 적벽대전만큼이나 격하게 휘몰아치는 우리 마음의 전쟁에 어느 정도 관조의 자세를 가질 수 있다. 미친 듯이 내 마음을 빼앗아 가는 것이 있고, 누군가에게 의지하고 싶은 강렬한 마음이 들더라도 결국은 부질없음으로 다 사라지게 된다는 것을 믿어야 한다.

더불어 그런 마음의 허기가 모두 채워져야 하는 것은 아니다. 부족하면 부족한 대로, 결핍되었다면 그저 결핍된 채로 나누어도 당장 죽을 일이 벌어지지는 않는다.

남송시대의 도천선사(道川禪師)는 물고기를 잡지 못해 처량하게 빈 배로 돌아오는 모습을 이렇게 묘사하고 있다.

"물이 시리고 밤공기가 싸늘하여 물고기가 잡히지 않는다면, 빈 배인 채로 달빛만 싣고 돌아오면 되는 게지."

한번 바다에 배를 띄우면 물고기를 가득 잡고 싶은 마음이 있겠지만, 설사 달빛만 싣고 돌아와도 상관이 없지 않겠냐는 제안이기도 하다.

두 번째 화살에 맞지 않는 방법

사람에 대한 결핍감을 채우려다가 마음 전부를 빼앗기는 일을 막기 위해서는 '적극적 무관심'을 활용할 필요가 있다. 대체로 관계가 틀어지기 전까지 우리는 사람으로부터 많은 즐거움과 달콤함을 얻게 된다. 함께 있으면 재미있고, 신나고, 배울 점도 있고, 따뜻한 위로도 받는다. 사랑하는 남녀의 관계든, 부모 자식의 관계든, 상사와 부하의 관계든 상관없다.

그리고 어느덧 이러한 달콤함에 중독되기 시작하면, 우리 신체가 설탕 중독에 이르렀을 때와 비슷한 증상이 생긴다. 달콤한 음식을 먹은 후에는 급격하게 에너지가 생성되고 기분이 좋아지지만, 얼마 가지 않아 다시 빠르게 기운이 빠진다.

사람에게서도 비슷한 증상이 나타난다. 마음의 허기를 사람으로 채우려다 보면 그때부터는 '밑 빠진 독에 물 붓기'가 계속된다. 이때 우리가 해야 할 것은 독에 계속 물을 붓는 일이 아니라, 깨진 독을 고치는 일이다.

현대 정신의학에서는 무엇인가에 대한 과도한 집착을 '손상된 애착'이라고 부른다. 애착 자체는 우리 일상을 건강하게 만드는 힘이 되기는 하지만, 그것의 일정한 부분이 깨져서 밑 빠진 독처럼 되면 그때가 곧 '집착'이 생기는 시기라는 이야기다. 바로 이러한 증상에 가장 응급하게 대응하는 방법이 '적극적 무관심'이다. 나에게 생긴 특정한 감정에 대해서 한 걸음 떨어지게 되면 그 감정으로 인한 여파를 줄일 수 있다는 것이다.

부처의 법문을 집대성해 놓은 『잡아함경(雜阿含經)』에는 '두 번째 화살에 맞지 마라'는 내용이 나온다.

"어리석은 사람이나 지혜로운 사람이나 어떤 사태를 만나면 좋고 나쁜 생각을 일으킨다. 그러나 어리석은 사람들은 그 감정에 포로가 되어 집착하지만, 지혜로운 사람은 감정을 갖더라도 그것에 집착하지 않는다. 그래서 어리석은 사람은 두 번째 화살을 맞는다고 하고, 지혜로운 사람은 두 번째 화살을 맞지 않는다고 한다."

적극적인 무관심은 바로 첫 번째 화살을 맞은 후 곧바로 거리를 두는 것이다. 나에게 집착이 생기는 것은 어쩔 수 없다고 하더라도, 거기에서 멀어지게 되면 2차 피해를 줄일 수 있다. 그리고 이렇게 하기 위해서 '잃어도 괜찮아'라는 마음을 가질 필요가 있다. 대체로 집착은 '잃고 싶지 않다'라는 마음에서 비롯되고, 그것이 주는 아쉬움이 크게 작용한다. 그러나 무엇인가를 잃는다면, 반대급부로 반드시 얻는 것이 있다. 집착하는 사람을 마음속에서 놓아주게 되면, 오히려 나의 존재감이 더 드러나게 된다.

청년 시절의 백범 김구 선생을 가르쳤던 고능성(高能善)이라는 선비가 있었다. 그는 이런 가르침을 주었다고 한다.

"나뭇가지에 높이 오르는 일은 결코 기이한 일이 못 된다. 벼랑에 매달려 있을 때 손을 놓을 수 있는 사람이야말로 진정한 대장부이다."

'낭떠러지에 매달린 손을 뿌리치다'라는 의미의 현애살수(懸崖撒手)는 용맹한 결단력으로 새로운 길을 모색하라는 의미이다. 정치적으로 막다른 길에 몰린 사람이 무엇인가를 포기하면서 새로운 미래를 개척한다는 의미로도 사용된다. 이 말은 누군가에게 과도하게 집착하는 사람에게도 도움을 준다. 그들에 대한 관심을 뿌리치는 적극적인 무관심이야말로 빼앗겼던 내 마음을 되찾고, 넘어갔던 주도권을 되찾을 수 있는 현명한 방법 중 하나이다.

삶이 재미없어진 것이 아니라, 내가 무기력해진 것일 뿐이다

'노력'이 '희생'이 되지 않기 위해서

"내가 없이는 깨달음도 없습니다.
주인공을 놓치면 절대로 안 됩니다."

종종 "사는 게 재미가 없다"라고 말하는 사람들이 있다. 이 말을 자세히 들어보면 나 자신은 별로 달라진 것이 없지만, 과거와는 다르게 삶 자체가 그다지 재미를 주지 못한다는 의미이다. "산전수전 다 겪은 나이라면 그럴 수도 있지 않아?"라고 반문할 수도 있다. 하지만 경험이 많거나 나이가 들었다고 모두 무미건조하고 시들시들하게 살지는 않는다.

사는 게 재미없어진 것에 대한 보다 정확한 이유는 자신이 주인공이 되지 못하고 주변부로 밀려났기 때문이다. 아무리

흥겨운 파티에 가도 재미가 없는 이유는 사실 명백하다. 자신에게 말 걸어주는 사람도 없고, 관심도 주지 않으니 재미가 없을 뿐이다.

주변부로 밀려나 파티를 즐기는 사람을 바라보고만 있는 무기력한 기분이 바로 삶의 재미가 사라진 사람의 상태이다. 하지만 그 누구도 스스로 변방으로 밀려나고 싶은 사람은 없고, 원해서 무기력함을 느끼는 사람도 없다. 오히려 너무도 열심히 살고, 뒤도 돌아보지 않고 가족을 위해 노력한 사람이 거의 대부분이다.

열심히 산 죄밖에 없는 사람들이 결국 조연으로 전락하는 이유는 무엇일까? 그것은 바로 우리가 해왔던 노력이 희생되어 버렸기 때문이다. 삶의 모든 방면에서 노력은 반드시 필요하지만, 그것이 너무 과도해지면 결국 본연의 나는 변방으로 밀려나고, 다른 것들이 내 삶의 중심을 차지하면서 주인공의 자리를 빼앗게 된다.

억울한 자두나무의 심정

춘추전국시대 진나라의 오맹(吳猛)은 겨우 여덟 살의 나이에 이미 효자의 반열에 오를 정도로 평생을 효도에 매진했다. 나이가 좀 들었을 때 자문포혈(恣蚊飽血)이라는 효도를 하기도 했다. 한여름 밤에 부모가 모기에 물리는 것을 안타까워한 그는 일부러 알몸으로 부모 옆에서 잠을 자며 자신을 모기의 희생양으로 내어주었다. 효도는 마땅히 해야 하는 것이지만, 다소 과하다는 생각이 들기도 한다.

오맹보다 더 심한 사람도 있었다. 후한시대의 곽거(郭巨)라는 인물이다. 그는 어머니를 모시면서 매우 가난하게 살았는데, 어느 날 어머님이 손자를 위해 식사량을 줄이는 모습을 보고 '이런 식으로는 효도를 할 수 없다!'라고 마음먹은 뒤 자식을 죽여서 산에 묻기로 결심하고 아이를 데리고 산으로 올랐다. '아이를 땅에 묻어 어머니를 봉양한다'는 의미의 매아봉모(埋兒奉母) 이야기다.

다행히 산에서 땅을 파는데 그곳에서 황금이 나와 해피엔딩으로 끝나기는 했지만, 효도치고는 다소 기괴하다는 느낌이 들지 않을 수 없다. 이들에게 효도는 '자해에 가까운 희생'이라고 할 만하다.

그런데 이러한 이야기는 오늘날을 살아가는 많은 사람의

일상에서 나타나곤 한다. 바로 자신이 원하는 목표를 이루기 위한 합당한 만큼의 노력을 하는 것이 아니라, 아예 자신의 모든 것을 갈아 넣는 사람들이다. 자녀를 위한 노력이 도를 넘어서 어른의 인생 전부를 바치고, 성공과 인기, 명성을 위한 노력이 비정상적으로까지 이루어지곤 한다. 그러니 결국 허무하고, 지치고, 고통스러우며 삶의 의미를 찾지 못하게 된다. 그리고 어느 순간 되돌아보니 삶이 재미없어지게 된다.

노력이 과도해 희생으로 이어지는 것은 그 희생으로 인한 성과에만 너무 초점을 맞추는 반면, '희생당하는 것들'의 아픔에 대해서는 그다지 관심을 기울이지 않기 때문이다.

고대 중국에서는 복숭아나무를 심을 때, 반드시 그 옆에 자두나무를 함께 심었다. 이렇게 하면 병충해가 자두나무에만 집중되어 복숭아나무가 무사히 자랄 수 있기 때문이다. 이때 주인은 복숭아나무가 무척 잘 자랐다고 좋아하겠지만, 자두나무의 입장에서는 정말로 너무나도 억울하다. 자신의 존재 가치는 고작 복숭아나무를 대신해서 해충의 공격을 받고 죽어주는 일일 뿐이기 때문이다.

내가 사랑하는 것들이 나를 희생시킨다

삶의 변방으로 억울하게 밀려난 나를 복원하기 위해서는 부처님이 태어났을 때 제일 먼저 했던 말, 천상천하 유아독존(天上天下 唯我獨尊)을 되새겨볼 필요가 있다. 이 말은 '하늘과 땅에 오로지 나만 존재한다'라는 일차적인 의미가 아니다. 여기에서의 '천상'이란 신들의 세계를 말하며, '천하'는 인간의 세계를 말한다. 결국 신들을 포함한 모든 세상에서 나 자신이 제일 소중하고 존귀하다는 의미이다. 이 말은 우리가 일생의 목표로 삼는 돈, 인기, 명성은 물론이고 종교와 이념, 자식과 부모마저도 내 인생의 중심이 되어서는 안 된다는 말이기도 하다. 그들이 중심으로 치고 들어오면, 결국 진실한 나는 외부로 밀리면서 무기력해지게 될 뿐이다.

   그런데 이렇듯 내 인생의 중심으로 치고 들어오는 것들에는 하나의 공통점이 있다. 바로 모두 내가 좋아하고 사랑하는 것이라는 점이다. 그들은 너무도 강렬하고 유혹적이어서 나를 희생시킬 수 있을 정도의 힘을 가지고 있다. 그리고 이 희생의 모든 과정에서 정작 나는 고통을 당하는 자두나무의 신세가 되지만, 복숭아나무만 보면서 내가 성장하고 있다는 착각에 빠지게 된다. 하지만 그 고통이 어느덧 실체가 되어 나를 엄습하게 되면 비로소 내가 주인공이 아니라는 사실을 깨닫게 된다.

노력이 희생이 되어 무기력해지는 우리의 모습을 일찌감치 간파한 사람이 바로 1900년대에 활동했던 사회심리학자이자 정신분석학자인 에리히 프롬(Erich Fromm)이다. 그는 이렇게 이야기했다.

"우리는 이 질병을 권태, 삶이 무의미하다는 느낌, 풍요롭지만 아무 기쁨이 없는 삶이 모래처럼 손가락 사이로 빠져나간다는 느낌, 어디로 가야 할지 몰라 당황스럽고 어찌할 바를 모른다는 느낌이라고 부른다."

삶의 변방으로 밀려나 주인공이 아닌 조연으로 살아가는 사람의 상태를 매우 정확하게 묘사한다고 볼 수 있는데, 이는 주인과 노예의 차이라고 할 수 있다. 주인은 자신이 노력해서 얻은 결과는 자신이 얻지만, 노예는 자신이 노력한 결과를 주인에게 준다. 아무리 질 좋고, 많은 성과를 내더라도 자신이 받는 몫이야 정해져 있으니 결국 그의 노력은 희생이 될 뿐이다.

따지고 보면 우리도 마찬가지의 상황에 처해 있다. 마치 내가 내 인생의 주인처럼 생각하고 행동하기는 하지만, 결국 본

연의 나는 희생양일 뿐, 삶에서 느낄 수 있는 기쁨은 모래처럼 손가락 사이로 빠져나가곤 한다. 이럴 때 우리에게 필요한 것은 삶의 주인공인 나에 대한 소환이다.

나라는 주인공을 불러내야 하는 이유

1700년대 초반, 조선 후기의 승려였던 월봉 스님이 당대의 시와 노래, 산문을 엮어 만든 책이 『월봉집(月峯集)』이다. 여기에서 스님은 수행의 과정에서 나라는 '주인공'이 매우 중요하다는 조언을 하고 있다. 스님의 말 중 일부를 현대적인 언어로 쉽게 풀어쓰면 다음과 같다.

> "깨달음을 얻고 싶다면 정좌해 참선하면서 내 안의 주인공을 불러내 대면하시오. 그리고 '이 무엇인가? 이 무엇인가?'라며 세상의 진짜 모습이 해와 달처럼 또렷하게 드러날 때까지 몰입하십시오. 그러면 눈, 귀, 코, 혀, 몸과 마음의 바탕을 이루는 문이 활짝 열려 몸뚱이가 주인 없이 이리저리 끌려다니는 일이 없게 될 것입니다."

"좌선으로 굳어진 몸을 풀기 위해 화두를 들고 걸을 때도 내면에 있는 지혜의 빛으로 하는 수행을 놓아서는 안 됩니다. 내가 없이는 깨달음도 없습니다. 주인공을 놓치면 절대로 안 됩니다. 내가 바로 내 마음의 참 주인이 되어야 합니다."

불교 수행에 관한 내용이어서 다소 어렵게 느껴질 수도 있겠지만, 그 본질적인 내용은 '진정한 내면의 자아'를 소환하고 그것을 주인공으로 내세우라는 이야기다. 물론 이러한 소환의 방법은 그리 어렵지 않다. 하루에 단 1시간이라도 온전히 나에게만 집중하는 시간을 갖는 일이다.

사우스웨스트항공사의 명예회장인 콜린 바렛(Colleen Barrett)은 '재생의 시간'이라는 것을 통해서 바쁜 일상에서도 주인공으로서의 자신을 잊지 않을 수 있었다. 그녀의 출발은 임원의 비서였지만, 임원의 자리에 올라 무려 23년 동안이나 경영 일선에서 흔들림 없이 자신의 생활을 지켜왔다. 그녀가 '재생의 시간'에 했던 일은 바로 아침에 따로 시간을 내어 고객에게서 온 편지를 읽는 일이었다. 그녀는 이 편지를 읽으면서 삶의 의미를 되돌아보는 과정을 반복했으며, 그 결과 충만해진 마음을 가지게 된 그녀는 늘 열정을 잃지 않을 수 있었다.

'수처작주(隨處作主), 입처개진(立處皆眞)'이라는 말이 있다. '자신이 가는 곳마다 주인이 되면, 자신이 서 있는 그곳이 곧 진리가 된다'라는 의미이다.

내가 내 삶의 변방으로 밀려나지 않으려면, 그래서 많은 사람이 즐겁게 누리는 삶의 파티에서 지겨움을 느끼지 않으려면 희생을 멈추고 주인공으로 되돌아와야 한다.

이끌거나,
따르거나,
비켜서거나

사회적 위상의 역동성을 만들어 가는 지혜

PART 6

intro

세상은 끊임없이 변하고, 그 방향은 쉽게 종잡을 수가 없다.
이는 집단 내에서 자신의 위상은 물론이고, 둘 사이의
관계에서도 얼마든지 일어나는 일이다. 지금 친하다고 다음
달에도 친할 것이라고 단정 지을 수 없고, 지금 신경전을
벌인다고 반드시 내일 주먹다짐한다는 법도 없다.
역동적인 변화는 늘 관계를 이리저리 탈바꿈시킨다.
그런데 문제는 우리의 인식이 이 변화무쌍한 현실을
따라가기 쉽지 않다는 점이다. 사실 인간은 본능적으로
변화를 싫어하기 때문에 우리의 인식도 계속해서 정지하고
싶어 하고 머물러 있기를 원한다. 변화는 불안과 두려움을
동반하기 때문에 의도적으로 그것에서 멀어지고 싶어 한다.
하지만 그러는 와중에 세상의 변화가 완연해졌을 때 비로소
놀라고 당혹스러운 결과를 맞이하게 된다. **이러한 문제에
대처하는 가장 효과적인 방법은 계속해서 낯선 상황을
만들고 거기에 익숙해지는 것이다.** 심리학자들은 '낯선 곳을
자주 산책하는 일'조차도 앞으로 있을 변화에 적응하는
훌륭한 방법 중 하나라고 조언한다. 결국 변화에 떠밀려
알 수 없는 곳으로 흘러가느니, 차라리 내가 먼저 그 낯선
변화의 중심에 서는 것이 미래의 주도권을 훨씬 잘 준비하는
일이 된다.

바람의 방향을 바꿀 수 없다면, '나'라는 돛을 조정하라

변방으로 밀려나지 않으면서 주도권의 중심에 있는 법

"오나라 사람과 월나라 사람은 서로 미워하지만,
같은 배를 타고 강을 건널 때 풍랑을 만나면
서로 돕기가 마치 좌우의 손과 같다."

우리는 가끔 세상이 얼마나 역동적인지 잊고 사는 경우가 있다. 지금 내 상황이 다소 안정적이고 긍정적이라는 감정이 느껴진다면, 마치 그것이 계속될 것 같은 기분에 사로잡히게 된다. 하지만 이런 착각은 비극적인 결말을 몰고 오는 경우가 매우 흔하다. 기업의 경우에는 자신이 시장의 승자라고 느끼면서 변화의 기회를 놓쳐서 도태되는 경우가 흔하고, 개인이라면 언제나 주도권을 쥐고 있다고 생각하다가 결국 예상치 못한 한방에 자신의 지위를 잃어버리는 경우가 해당한다.

이렇게 느닷없는 함정에 빠지는 이유는 자신의 주변 환경을 단편(斷片)으로 인식할 때 종종 생기곤 한다. 이는 현실을 전체적이고 종합적으로 보지 않고 끊어진 부분, 작게 조각난 부분으로만 보기 때문이다. 그 결과, 끊임없이 변화하는 역동의 관계를 파악하지 못하고 자기 생각에만 매몰된다. 하지만 그 끝을 예상하는 일은 그리 어렵지 않다. 주도권을 잃어버리고 매몰차게 변방으로 내몰리면서 겨우 끝자락을 부여잡고 생존하는 일일 뿐이다.

흔히 경제학에서 사용되는 '갈라파고스 현상(Galapagos Syndrome)'이란, 역동적으로 변화하는 주변을 살피지 못해 결국 고립에 이어 패배를 경험하는 것을 말한다. 이러한 문제를 예방하기 위해서 우리에게 필요한 것은 매 시기 역동적으로 변하는 관계의 지정학을 면밀하게 관찰하고, 계속해서 그 안에서 자신이 해야 할 최적의 역할, 최선의 위치를 찾아가는 일이다.

단편이 아닌, 역동의 관점에서

『전국책(戰國策)』은 전한시대에 풍미했던 수많은 전략을 모아놓은 책이다. 여기에는 살벌한 권력 투쟁 속에서 살아남는 법을 알려주는 내용이 가득하다.

전국시대 한나라에는 왕의 두 아들인 구(咎)와 기슬(幾瑟)이라는 태자가 있었다. 이때 구를 돕던 재상은 공숙(公叔)이었다. 구와 기슬 간의 치열한 권력 투쟁 끝에 결국 기슬이 국외로 추방되는 선에서 승리는 구에게로 돌아왔다. 그런데 구를 돕던 공숙은 여전히 살아 있는 기슬이 마음에 걸렸다. 언제 복수심을 품고 돌아와 구와 자신을 해칠지 모르기 때문이다. 그래서 결국 국외로 추방되기 전 자객을 보내 기슬을 암살하려는 계책을 짰다. 그런데 이때 공숙의 신하 한 명이 그를 막으면서 이렇게 이야기했다.

"이제까지 태자 구가 공숙 님을 중하게 여겼던 것은 기슬이 두려웠기 때문입니다. 만약에 기슬이 죽어서 태자 구의 마음에 근심이 완전히 사라지게 되면 그때부터는 공숙 님을 가볍게 볼 것이 틀림없습니다. 따라서 기슬이 죽지 않고 살아 있어야만, 태자 구도 공숙 님에게 계속해서 의지하게 될 것입니다."

이에 공숙은 크게 깨달음을 얻고 암살 계획을 취소했다.

공숙은 관계의 역학을 지나치게 단편적으로만 바라보았다. 태자 구와 자신을 '같은 편'이라고 생각했을 뿐, 그 관계가 얼마든지 역동적으로 변할 수 있다는 사실을 전혀 염두에 두지 못했다. 그런데 바로 이러한 부분을 지적하면서 상황을 보다 역동적으로 바라볼 수 있게 한 사람이 공숙의 신하였다.

『손자병법(孫子兵法)』에 등장하는 동주공제(同舟共濟)라는 고사성어도 관계의 역동성을 말한다. '오나라 사람과 월나라 사람은 서로 미워하지만, 같은 배를 타고 강을 건널 때 풍랑을 만나면 서로 돕기가 마치 좌우의 손과 같다'라는 말이다. 그런데 오나라와 월나라 사람들은 그냥 미워하는 수준이 아니다. 마치 '철천지원수'처럼 서로를 적대적으로 여겼다. 하지만 상황이 변하자 마치 오랜 친구라도 되는 것처럼 역동적으로 관계를 변화시켰다.

테드 터너의 신념

물론 이 고사성어는 '같은 목적을 위해서는 부득이하게 서로 협력한다'라는 의미로 해석할 수도 있다. 하지만 역동적으로 변화하는 상황에서는 자신의 역할과 위치도 그에 맞게 적극적으로 변화시켜야 함을 역설하고 있다.

공숙의 신하가 했던 조언과 동주공제가 가리키는 곳은 하나다. '영원한 관계'라는 것은 존재하지 않으니 상황에 따라서 신속하게 자신의 위치를 변화시키고 그에 맞게 적응하라는 이야기다. 이러한 것을 가장 선도적으로 실천하고 자신의 신념으로 삼았던 미국의 인물이 있다. 바로 '미디어의 황제'라고 불리는 테드 터너(Ted Turner)이다.

테드 터너는 1980년에 24시간 뉴스 전문 방송사인 CNN을 세웠다. 지금이야 우리나라에서도 하루 종일 뉴스만 송출하는 방송사가 있지만, CNN이 설립될 당시만 해도 가히 '미친 짓'이라고 여겨졌다. 당시 테드 터너의 계획을 들은 사람들은 "지금 제정신인가? 누가 하루 종일 뉴스만 본다는 것인가!"라며 비웃었다. 하지만 테드 터너는 '공급이 수요를 창출한다'라는 신념에 따라 결국 자신의 의지를 밀어붙였고, 지금은 전 세계 1억 명이 넘는 사람들이 매일 CNN을 보고 있다. 중요한 점은 테드 터너가 평소에 가지고 있던 신념이었다.

"이끌든지, 따르든지, 아니면 비켜라(Lead, Follow, or Get Out of Here)."

그의 이러한 신념은 사회생활의 역동적 포지셔닝에 대해 잘 말해주고 있다. 만약 자신이 이끌어야 하는 위치에 놓이면 과감하게 앞으로 나서서 능력을 발휘하고, 따라야 할 때라면 따르는 위치에서 최선을 다하라는 이야기다. 그리고 만약 자신이 물러설 때라면, 역시 잠시 비켜서서 상황을 관망하는 것도 사회생활의 지혜이다.

파도를 잘 타기 위해서는 파도를 이기는 것이 능사가 아니다. 파도가 약해지면 자신도 힘을 빼야 하고, 파도가 강해지면 그에 맞게 자신도 힘을 줘서 그 흐름을 타야만 한다. 사회생활도 마찬가지이다. 인자해져야 할 때면 인자해져야 하고, 날카롭게 대응할 때는 날카로워져야 한다. 부하가 됐다면 상사인 척하지 말고, 상사가 됐다면 반드시 이끌고 나가야 한다. 바로 이것이 관계의 지정학에서 변방으로 밀려나지 않으면서도 언제든 다시 주도권을 쥘 수 있는 포지셔닝의 지혜이기도 하다.

다만 언제든 변하기 위해서는 세상의 흐름과 관계의 변화에 귀추를 주목해야 하고, 그 변화의 단초에 관심을 기울여야 한다. '하나의 낙엽을 보고 가을을 안다'라는 의미의 일엽지추(一葉知秋)의 태도를 가져야 한다는 이야기다.

지식 백과사전의 일종인 『회남자(淮南子)』에는 이런 내용이 나온다.

"하나의 나뭇잎이 떨어지는 것을 보고 그 해가 장차 저물어 가는 것을 알고, 병 속의 얼음을 보고 추위가 닥쳐옴을 아는 것은 가까운 것으로써 먼 것을 논하는 것이다."

넋 놓고 있다면 풍랑에 휩쓸려 배 위에서 바다 한가운데로 떨어질 뿐이다. 바람의 방향을 바꿀 수 없다면, 늘 나라는 돛을 잘 조정해야만 한다.

우물 밖의 개구리는
우물 안의 심오함을 알 수 없다
격렬한 경쟁 구도 속으로 자신을 밀어 넣어야 한다

"송곳도 주머니에 넣어야
튀어나오지 않겠습니까?"

'우물 안의 개구리'는 좁은 세계에 갇혀서 자기의 생각만 고집하는 사람을 비유하는 말이다. 하지만 이는 우물 안의 삶을 너무 편협하게 해석한 것이기도 하다. 우물 안은 바깥과는 비교할 수 없는 격정의 공간이 되기도 한다. 천둥이 쳤을 때 우물 안에서 듣는 느낌과 우물 밖에서 듣는 느낌은 어떨까? 우물 밖은 그나마 확 트여 있는 넓은 공간이라서 천둥소리가 금세 잦아들 수 있다. 하지만 우물 안의 좁고 깊은 공간에서 듣는 천둥소리는 하늘이 내려앉고 세상이 무너지는 소리와 다를 바 없다. 거기다가 우물 안의 좁은 생태계로 인해서 바깥세상보다 더 치열한 먹이다툼이 있을 수 있다.

　　　결국 우물의 안이냐, 밖이냐가 중요한 것이 아니라, 처한 환경에 따라 완전히 다른 것을 경험할 수 있으니, 그것으로 나 자신을 변화시킬 수 있어야 한다는 의미로 재해석되어야 한다. 따라서 우물 밖에서만 생활한 개구리라면 과감하게 우물 안으로 들어갈 수 있어야 한다.

　　　사람도 마찬가지다. 계속해서 환경을 바꾸면서 자신을 단련해 나가야만 세상에 맞서는 전투력을 키우고 주도권을 확장해 나갈 수 있다. 물론 자신의 환경을 변화시키지 않으려는 이유도 분명히 존재한다. 더 이상의 위험을 감수하지 않고, 모험도 하지 않는 것이 훨씬 더 안락하기 때문이다. 그러나 그 상태에만 머물러 있다면, 그 어떤 새로운 결과도 만들어 낼 수 없다. 열정은 있지만 자신의 의지대로 잘되지 않는다면, 차라리 자신의 환경을 변화시킴으로써 지속적인 성장을 추구해야만 한다.

스스로 자신의 무대를 바꾼 모수

전국시대 말, 적으로부터 위협을 느꼈던 조나라는 인근의 초나라에 원군을 요청해야만 했다. 이에 조나라의 평원군은 초나라 왕에게 가서 약소국끼리 동맹을 맺는 합종(合縱)을 설득하는 매우 중요한 임무를 맡았다. 이에 평원군에게는 함께 갈 20명의 사신이 필요했고, 집에 머무르던 식객 중에서 선발하기로 했다. 그렇게 해서 19명은 그다지 어렵지 않게 뽑았지만, 마지막 한 명을 고르는 일이 영 쉽지 않았다. 그때 모수(毛遂)라는 자가 나서서 자신을 추천했다. 평원군이 "자네는 우리 집에 머문 지 얼마나 되었는가?"라고 묻자, 모수는 "3년 정도 되었습니다"라고 답했다. 이에 평원군은 그의 드러나지 않은 재능을 탓하며 이렇게 말했다.

> "재능이 뛰어난 사람은 마치 주머니 속에서 송곳이 튀어나오는 듯 눈에 드러나곤 하는데, 자네는 내 집에 온 지 3년이 되어도 한 번도 이름이 드러난 적이 없지 않은가? 이는 자네가 재능이 없다는 말이 아닌가?"

모수는 이런 말에 전혀 위축되지 않고 답했다.

> "그것은 평원군께서 저를 한 번도 주머니에 넣어 주지 않으셨기 때문입니다. 송곳도 주머니에 넣어야 튀어나오지 않겠

습니까? 이번에야말로 주머니 속에 넣어 주시면 큰 자루마저 뚫고 나올 수 있다는 사실을 보여 드리겠습니다."

평원군은 그의 말을 믿어 보기로 했고, 사신에 합류시켰다. 모수의 활약은 그때부터 시작됐다. 초나라로 가는 도중에 처음에는 그를 믿지 않던 19명의 다른 사신들과 토론하면서 점차 자신의 실력을 드러내 보이기 시작했다.

드디어 초나라에 도착한 평원군과 20명의 사신은 다음날 아침부터 초나라 왕을 만나 협상을 시작했다. 그런데 무려 한나절이 다 지나도록 결론이 나지 않았다. 모두 난감해하고 있을 때 모수가 앞으로 나서서 단호하게 말했다.

"초나라 왕이시여. 지금 저희 조나라와 합종을 할 것이냐, 말 것이냐, 단 두 마디로 결정될 일인데, 어찌 해가 뜰 때부터 이야기를 시작해 해가 중천에 이를 때까지 결정을 못 내리십니까?"

이에 깜짝 놀란 초나라 왕은 결국 모수에게 자신의 주장을 펼칠 기회를 주었고, 결국 설득을 당해 합종하기로 결론을 내렸다.

평원군은 조나라로 돌아오는 길에 자신이 처음에 모수를 무시했던 일을 언급하며 "앞으로 나는 사람에 대해 평가하지 않겠다"라고 말했다.

인생은 과감한 모험으로 성장한다

사마천이 지은 『사기(史記)』에 등장하는 낭중지추(囊中之錐)라는 고사성어의 배경이다. 원래 이 말은 '아주 뛰어난 사람은 숨어 있어도 저절로 남의 눈에 드러난다'라는 의미이지만, 스토리 전체를 바라보면 자신이 처한 상황을 바꾸어 실력을 유감없이 뽐낸 모수의 전략이 눈에 띈다.

모수가 왜 지난 3년간 능력이 드러나지 않고, 더 나아가 19명의 사신이 뽑힐 때도 추천되지 않았는지는 알 수 없는 노릇이다. 하지만 그 스스로 밥을 얻어먹는 평안한 식객의 환경에서 격렬한 논쟁과 토론이 벌어지는 치열한 환경으로 자신을 밀어 넣고 변화를 꾀한 것만큼은 틀림없는 사실이다. 즉 '주머니에 들어가는 상황'을 스스로 만들어 냈다는 이야기다. 이는 자신이 처한 상황을 의도적으로 변화시켜 내면에 숨어 있는 힘을 끌어내는 탁월한 전략이다.

실제로 자신을 새로운 공간 속에 의도적으로 밀어 넣는 일은 장기적으로 매우 유리한 행동임이 틀림없다. 진화심리학자들은 인간이 낯설고 새로운 장소에 이끌리는 이유를 '자원의 확보'라는 측면에서 설명한다. 먼 고대의 인간들은 늘 장소를 옮기는 유랑 생활을 해왔지만, 현대인이 보기에 이런 삶은 무척 피곤하게 느껴진다. 한 군데에 익숙해지면 수고롭게 장소를 옮길 필요가 없기 때문이다.

하지만 자원의 측면에서 바라보면 다르다. 한곳에 눌러앉아 있다 보면 채집할 수 있는 먹을거리가 점차 줄어들게 되고, 사냥할 수 있는 동물의 개체 수가 적어진다. 이렇게 되면 결국 모두가 굶어 죽는 파국을 맞게 된다. 하지만 새로운 곳으로 옮기게 되면 꾸준하게 음식과 자원을 확보할 수 있기 때문에 훨씬 유리하다.* 결과적으로 공간의 이동, 상황의 변화는 기존의 한계와 틀에서 벗어날 수 있도록 해주고, 더 나은 발전의 계기를 마련해 준다고 볼 수 있다.

무언가 변화 없이 안주하고 정체되어 있는 자신을 느낀다면 그때부터는 자신을 탓하지 말고 환경을 되돌아봐야 한다.

---

* 전중환, '왜 상상의 세계에 빠질까', 경향신문, 2024. 3. 13

결국 인간은 계속되는 자극에 의해 탐험하고 모색하고, 성장하는 존재라고 할 수 있다. '인생은 과감한 모험이든가, 아니면 아무것도 아니다'라는 명언이 있다. 결국 모험하지 않는 사람은 '아무것도 아닌 존재'를 자처하는 것에 불과하다.

겸손은 타인을 위한 배려가 아니라 나를 위한 무기다

언제나 이익과 주도권을 얻는 관계의 법칙

"찻물이 넘쳐 방바닥을 망치는 것은 알면서
지식이 넘쳐 인품을 망치는 것은
왜 모르십니까?"

때로는 특정한 덕목에서 느껴지는 긍정적인 이미지와 그 덕목이 가져다주는 실질적인 이익이 다른 경우가 있다. 예를 들어 '용기'라고 하면 꽤 좋은 덕목으로 느껴지지만, 한편으로 용기는 위험을 무릅써야 하는 만큼 사태를 더 악화시킬 가능성도 동시에 존재한다.

이와는 정반대로, 느껴지는 이미지는 그다지 강하지 않고 부드럽지만, 실제로는 자신에게 강력한 이익을 가져다주는 것이 있다. '남을 존중하고 자신을 내세우지 않는 태도'를 의미하는 겸손은 일견 타인을 위한 것처럼 보인다. 하지만 겸손이 궁극적으로 목표하는 바는 '극대화된 나의 이익'이다. 조금 극단적으로 보자면, 타인이라는 존재는 그저 부수적인 도구일 뿐, 겸손은 오로지 나만을 위한 이기적인 행동이라고 볼 수도 있다.

　　　내가 위험에 빠지지 않기 위해, 누군가를 잘 설득하고 나의 관리하에 두기 위해 이 겸손보다 날카롭고 강력한 무기를 찾기는 쉽지 않다. 하지만 이제까지 우리는 겸손에 참으로 많은 오해를 해왔다. '나를 내려놓고 비우는 것'이라거나 '부족함을 인정해야 더 나은 내가 될 수 있다'라는 말 때문이다. 이를 통해 겸손은 부드럽고, 때로는 나약해 보이는 이미지를 가지고 있다. 하지만 이러한 말들은 겸손의 전략적 면모를 드러내기에는 현저하게 부족하다. 겸손은 오히려 강하고 거세며, 나의 장악력을 배가하는 필살기에 가깝다고 해도 과언이 아니다.

스님이 맹사성에게 날린 결정타

세종대왕의 측근 중 한 명이었던 인물 중에 맹사성(孟思誠)이라는 사람이 있었다. 그는 무려 열아홉 살의 나이에 장원급제하면서 천재급 실력을 선보였다. 스무 살에 파주 군수에 임명되었으니, 그의 마음에 자만심이 한가득 있어도 어쩌면 그리 무리해 보이지 않을 수 있다.

그는 부임한 뒤, 한 스님을 찾아가 자신에게 도움이 될 만한 이야기를 듣고 싶었다. 자신이 고을을 다스리는 데 유용한 좌우명은 어떤 것이 있을까 궁금한 마음이었다. 그런데 정작 스님이 들려준 말은 맥 빠지는 내용이었다. 고작해야 "나쁜 일을 하지 말고 착한 일을 많이 하라"는 것이 아닌가. 생각보다 싱거운 스님의 이야기에 맹사성은 "그런 이야기는 삼척동자도 다 아는 것이 아닙니까?"라며 더 들어볼 것도 없다는 투로 말하고 자리에서 일어나려고 했다. 그러자 스님은 기왕 왔으니, 차라도 한잔하고 가라고 했다. 그런데 차를 따르는 스님의 태도가 이상했다. 찻물이 분명 넘쳤음에도 계속해서 차를 따르면서 바닥에 흘러넘치는 것을 방치하는 것이 아닌가. 이에 맹사성이 찻물이 넘쳐 바닥에 흐른다고 말하자 스님은 이렇게 말했다.

"찻물이 넘쳐 방바닥을 망치는 것은 알면서 지식이 넘쳐 인품을 망치는 것은 왜 모르십니까?"

이에 맹사성은 자신의 오만했던 마음이 부끄러워 서둘러 떠나려고 방을 나서다가 그만 문에 머리를 부딪히고 말았다.

그러자 스님은 두 번째 결정타를 날렸다.

"고개를 숙이면 머리를 부딪힐 일이 없습니다."

마음을 가다듬고 겸손을 유지하면 결국 이득은 나의 것이다. 나의 소중한 인품도 망치지 않을 수 있고, 머리를 부딪힐 일도 없다. 쓸데없는 일에 휘둘릴 필요도 없고, 욕을 먹지도 않는다. 겸손은 나를 낮추고 뒤로 물리는 것이 아니라 가장 공격적으로 나를 보호하는 것이다.

칼집에서 뽑지 않은 칼

또한 겸손은 누군가를 잘 관리하고 다스리는 일에는 큰 도움이 된다. 순임금이 나라를 다스릴 때 유독 골치 아픈 민족이 있었으니, 바로 남부 지역에 살던 묘족이었다. 이에 순임금은 우왕에게 이들을 정벌하라고 임무를 내렸지만 도통 쉬운 일이 아니었다. 묘족이 어찌나 거세게 반항하던지, 도무지 길들일 방법이 없었다. 이에 한 신하가 이렇게 말했다.

"자만하는 자는 손해를 부르고 겸손한 자가 이익을 받는 것은 하늘의 도리입니다. 철군한 뒤 교육으로 그들을 감화시키는 것이 어떻겠습니까?"

정말로 그의 말을 따라 군대를 물리고 교육을 시작하자 묘족은 그제야 고분고분해졌다. 이후 우왕은 '대우(大禹)'라는 극존칭을 얻게 됐다.

이 이야기에서도 겸손은 일거양득이었다. 묘족이 고분고분해져서 말을 잘 들으니 이익이고, 극존칭을 얻었으니 이것도 이익이다. 이 이야기에서 만들어진 고사성어가 바로 만손겸익(滿損謙益)으로, 오만하면 손해를 입고 겸손하면 이익을 얻는다는 것이다.

1800년대 영국의 시인이었던 윌리엄 워즈워스(William Wordsworth)는 "겸손하지 못하고 기고만장하게 행동하느니보다 허리 굽혀 겸손함이 더 슬기로움에 가깝다"라는 말을 한 적이 있다.

여기에서 '슬기'는 지혜와는 조금 다른 의미다. 슬기는 사리를 잘 판단하고 일을 잘 처리해 내는 재능으로, 현실적인 문제를 잘 풀어내는 노하우와 기술에 가깝다. 즉 워즈워스는 겸손이 가져다주는 극대화된 이익에 대해 잘 알고 있었다.

다만 우리가 주목해야 할 부분은 누군가가 '교만한가, 겸손한가'라는 그 자체는 아니다. 설사 내가 교만하든 겸손하든 그것에서 느끼는 감정이나 생각은 타인의 몫일 뿐, 나 자신과는 별로 상관이 없다. 정작 중요한 것은 교만으로 인한 손해, 반대로 겸손으로 인한 이익일 뿐이다. 맹사성과 묘족의 사례에서 알 수 있듯, 겸손은 언제나 나에게 이익을 주고, 관계에서 오히려 주도권을 쟁취하는 결과를 만들어 준다. 그러니 사실 우리가 겸손하지 않을 이유는 없다.

겸손은 세상을 바라보는 인식

그렇다면 겸손을 내 인생의 태도로 완전히 장착하기 위해서는 무엇을 해야 할까? 그저 좀 더 공손한 태도를 취하고 고개를 숙이면 겸손해질 수 있을까? 사실 겸손은 겉으로 드러나는 말투나 행동이 아닌, 세상을 인식하는 하나의 틀이라고 할 수 있다.

미국 조지메이슨대학 준 탱니(June Tangney) 교수는 겸손한 사람의 특징과 그것을 가능하게 하는 핵심적인 원인에 대해 연구한 바 있다. 그 결과, 다음 여섯 가지를 겸손한 사람의 특징으로 도출했다.

- 자기의 능력과 성격 등에 대해 비교적 정확히 안다.
- 자신의 단점과 한계점들을 잘 받아들인다.
- 자신의 의견과 다른 의견이나 새로운 시각에 열려 있는 편이다.
- 자신의 성취나 공로를 지나치게 과장하지 않는다.
- 자신에 대한 생각에만 빠져 있지 않는다.
- 다른 사람들이나 자신과 상관없는 것들도 가치 있게 여길 줄 안다.

이 모든 특징은 세상과 타인을 어떻게 인식하느냐의 문제인 것이며, 바로 이러한 인식 아래에서 겸손한 말투와 행동이 나타나게 된다.

그런데 더 중요한 것은 바로 이러한 특징들이 만들어지는 핵심적인 이유이다. 심리학의 연구에 의하면 이는 '나라고 아주 특별한 대우를 받을 필요는 없다'라는 인식에서 출발한다. 물론 열심히 한 만큼의 대우를 받을 필요는 있겠지만, 그렇다고 그 이상으로 특별한 대우를 받을 필요는 없다는 지극히 상식적인 생각이야말로 진정한 겸손을 만들어 낸다.

종합해 보자면, 겸손이란 내가 세상을 바라보는 인식에서 자연스럽게 생겨나는 무기이다. 겉으로 드러나는 말과 행동만을 바꾼다고 이뤄낼 수는 없다. 따라서 앞에서 살펴본 겸손한 사람의 여섯 가지 특징을 정말로 내 것으로 만들 수 있다면, 노력하지 않아도 저절로 겸손해질 수 있을 것이다.

여우의 잔재주보다
고슴도치의 일격이 필요하다
내 인생의 대마불사를 어떻게 갖출 것인가?

"영웅이란 가슴에 큰 뜻을 품고,
뱃속에 좋은 계책을 가지고 있으며,
우주를 포용하는 마음과 천지의 기운을
삼키거나 토하는 사람입니다."

주도권은 절대적인 비율에 의해 정해지지 않는다. 내가 100레벨로 현재 주도권을 쥐고 있어도 누군가가 110의 레벨로 들어온다면 나는 주도권을 잃게 된다. 그것은 마치 "나는 10억 원을 가진 부자야"라고 떵떵거려도, 50억 부자에게는 주눅이 드는 것과 마찬가지다. 한편으로 영원히 끝날 수 없는 게임처럼 보이고, 그래서 주도권을 쥐는 것이 무척 힘들다고 여길 수도 있다.

하지만 그 해결법은 비교적 단순하다. 바로 내 인생의

'대마(大馬)' 하나를 든든하게 키워 내는 일이다. '큰 말'을 의미하는 대마라는 용어는 바둑의 대마불사(大馬不死)에서 유래했다. 바둑돌이 큰 세력을 형성하고 있기 때문에 아무리 상대방의 공격이 심해도 결국에는 살아난다는 의미이다.

우리 인생에서의 대마란 자신이 추구해야 할 가장 확실한 정체성이자, 명확한 캐릭터이며, 자신만의 경쟁력이기도 하다. 고만고만, 천편일률의 사람들 속에서는 나만의 대마를 만들어야만 한다.

글로벌 경영의 세상에서도 유독 전설적으로 언급되는 경영자들은 모두 그들만의 확실한 대마가 있었다. 스티브 잡스의 대마는 '다르게 생각하라(Think different)'로 상징되는 놀라운 사용자 경험과 혁신이었다. 삼성 이건희 회장의 대마는 '모든 것을 바꿔라'를 통해서 시대의 개척자가 되는 일이었다. 한 개인의 인생에서도 자신만의 대마를 만들고 드러낼 수 있을 때, 상대적 비율로 끊임없이 뒤바뀔 수 있는 주도권 싸움에서 절대적 위치를 점할 수 있다.

조조가 생각한 영웅의 조건

『삼국지』에서 아직 유비와 조조가 본격적으로 대립하지 않을 당시, 두 사람은 어느 날 술잔을 마주 놓고 '세상의 영웅은 누구인가?'를 논했다.

조조가 먼저 유비에게 물었다.

"그대는 오래 사방을 누볐으니 분명 지금 세상의 영웅을 알 것이오. 누군지 한번 얘기해 보시오."

그러자 유비는 첫 번째 영웅으로 원술을 꼽으며 "원술은 군사와 군량을 풍족하게 갖추고 있으니, 영웅이라고 할 수 있을 것 같습니다"라고 말했다. 하지만 조조는 반론을 펼치면서 "그는 무덤 속의 백골이나 다름이 없소이다. 내 조만간 반드시 사로잡을 것이오"라고 말했다.

유비는 두 번째로 원소를 들었다. "4대에 걸쳐 삼공을 역임한 집안으로 문하에 문하생도 많고 벼슬아치도 많습니다"라고 하자, 조조는 곧 "원소는 담력이 없고 나약하고 계책을 잘 펴지만, 결단성이 없소이다. 눈앞의 작은 이익에 눈이 어두워 죽는 줄도 모르는 인물이니 영웅이 아니요"라고 말했다.

유비는 세 번째로 유표를 들며 "위세를 떨치고 있는 유표라면 영웅이라고 할 만합니다"라고 했다. 그러자 조조는 "유표는 헛된 명성일 뿐, 실속이 없으니 영웅이 아닙니다"라고 반론했다.

이후 유비는 계속해서 손책, 유장, 장수, 장로, 한수 등 당대의 이름난 사람들의 이름을 댔지만, 조조는 계속해서 가차 없이 깎아내렸다. 아버지의 이름을 빙자했다든지, 보잘것없는 소인배들이라는 이유였다. 결국 유비가 더 이상 영웅이 될 만한 사람을 거론하지 못하자 조조는 결국 자신이 생각하는 영웅의 모습을 말했다.

"영웅이란 가슴에 큰 뜻을 품고, 뱃속에 좋은 계책을 가지고 있으며, 우주를 포용하는 마음과 천지의 기운을 삼키거나 토하는 사람입니다."

조조와 유비의 이 대화에서 흉회대지(胸懷大志), '영웅이 되기 위해서는 큰 뜻을 품어야 한다'라는 고사성어가 만들어졌다.

나를 살리는 핵심 가치

조조가 말한 영웅의 여러 조건을 현대적인 언어로 재해석해 본다면 '핵심 가치(Core Value)'라고 할 수 있다. 우선 경영의 차원에서 핵심 가치는 기업이 추구하는 궁극적인 방향(큰 뜻)이며, 그 안에는 다양한 전략이 담겨 있고(좋은 계책), 세상의 많은 소비자에 대한 자신의 태도(우주를 포용하는 마음)이며, 또한 회사의 미래에 대한 청사진을 밝히는 일(천지의 기운을 삼키거나 토하는)이라고 할 수 있다.

그리고 이렇게 한번 정해진 탁월한 핵심 가치는 다른 경쟁사와의 차별화를 명확하게 이뤄낼 수 있다. 그리고 이러한 주도권이 있는 기업이라면, 그 어떤 위기에서도 무너지지 않는 대마(大馬)를 움켜쥐었기 때문에 쉽게 죽지 않은 불사(不死)의 조건을 갖춘 것이기도 하다.

개인의 인생에서도 마찬가지다. 이는 누구에게도 휘둘리지 않는 자신만의 날카로운 경쟁력이자 브랜딩이며, 고유한 정체성이 되어 집단에서 자신만의 영역에서 주도권을 쥐게 한다. 다양한 재주를 갖는 것도 좋지만, 그 모든 것을 압도하는 하나의 핵심 가치를 지향하고 실천해 나가야 한다는 점이다.

『초한지』에 등장하는 영웅 중 한 명인 항우(項羽)는 정치적인 판세를 읽는 전략 전술에서는 그다지 탁월하지 못했지만, 전투 실력에서만큼은 독보적이면서도 발군의 실력을 갖춘 인물이다. 특히 그는 애초에 대마를 향한 큰 꿈을 갖고 있었다.

어느 날 항우는 숙부였던 항량을 찾아가 배움을 청했다. 항량이 보아하니 항우는 어렸을 때부터 글을 배우기는 했지만 높은 경지에 이르지 못했고, 검술도 배웠지만 통달하지 못했다. 항량이 왜 그리 무엇 하나 잘하는 것이 없냐며 꾸짖자, 항우는 각성한 후 이렇게 말했다.

"글이라면 이름만 적을 수 있으면 족하고, 겨우 한 사람을 대적하는 칼솜씨는 배울 만한 것이 못 된다고 생각합니다. 차라리 만 명을 상대하는 병법을 배우겠습니다."

'만 명을 상대하는 병법'은 바로 항우의 대마였다. 글의 분야에서는 애초에 재능이 없으니 차라리 전투에 특화된 자신만의 능력을 발휘하겠다고 마음먹은 것이다. 이후 항우는 항량으로부터 배운 병법과 자신만의 탁월한 신체 조건을 잘 활용해 결국 '초패왕(楚霸王)'이라는 타이틀을 얻으며 위세를 떨칠 수 있었다.

뿐만 아니라 항우는 어렸을 때부터 남달리 야망이 컸다. 한 번은 항량과 항우가 진시황제의 행차를 구경하러 갔을 때였다. 그때 항우는 넋이 나간 듯 그 모습을 바라보다가 은연중에 이런 말을 했다.

"저 자리를 빼앗아 내가 차지할 수도 있을 텐데…."

이에 깜짝 놀란 항량은 항우의 입을 막았다. 혹시나 반역의 의도로 비치지 않을까 해서였다. 중요한 점은 타고난 것인지, 배운 것인지 모르지만 항우는 대마에 대한 지향성이 매우 강했다는 점이다.

단 하나의 결정적 무기

1900년대 영국의 철학자였던 이사야 벌린(Isiah Berlin)은 우화 「고슴도치와 여우」에서 상대를 공격하는 '결정적인 일격'에 관한 이야기를 한 적이 있다.

여우는 재주가 많은 동물이다. 고슴도치를 사냥하기 위해 숨어서 기회를 엿보기도 하고, 빠른 다리로 맹추격하면서 위협하기도 하며, 심지어 죽은 척하는 등 각종 재주를 부린다. 하지만 이런 여우는 늘 고슴도치의 날카로운 비늘 한 방에 죽고 만다. 즉 여우는 이것저것을 추구하다 끊임없이 시행착오를 한다. 반면 고슴도치는 단 하나의 결정적인 무기밖에는 없지만, 결국 그것으로 자신의 생존을 도모한다는 이야기다.

우리 인생의 대마는 고슴도치의 비늘, 항우의 전투 실력을 닮아 있다. 어차피 두루두루 모든 것을 다 잘하지 못하니, 주도권을 쥐게 할 수 있는 단 하나의 분야를 개척하고 그것으로 나의 창이나 방패로 만들어야 한다.

탁월한 강점은 약점을 보완하거나 살짝 가리는 정도가 아니라 아예 덮어 버리는 효과를 가지고 있다. 누구에게 말해도 고개를 끄덕일 만한 뾰족한 무기만이 내 단점을 사라지게 하고, 정체성을 강화하여 돋보이게 할 수 있음을 잊어서는 안 된다.

사과로 관계를 새롭게 하고,
반성으로 나를 새롭게 하라

궤변을 늘어놓을 생각은 접어 두고 보상과 대안을 제시해야 한다

"소인은 허물을 고치는 데 꺼리고,
스스로 속이는 것도 꺼리지 않으므로,
반드시 그 허물을 거듭한다."

주도권이 흔들릴 수 있는 최대의 위기는 누군가에게 잘못을 저지르거나 실수했을 때이다. 일단 신뢰성에 타격을 입는다는 것은 주도권의 근본을 뒤흔드는 일이라고 할 수 있다. 주도권이란 눈에 보이거나 손으로 만질 수 있는 것이 아니기 때문에 서로 간의 신뢰에 기초해서 형성된다.

하지만 실수는 신뢰를 의심하게 만들고, 궁극적으로 토대를 붕괴하는 결과를 만들어 낸다. 따라서 원치 않는 실수를 해서 주도권이 흔들릴 위기에 처했다면, 이에 대한 가장 확실한 처방전은 바로 제대로 된 사과를 하는 일이다.

사실 누구나 실수를 할 수 있으므로 실수 그 자체가 판세를 가르는 결정적인 요인은 아니다. 하지만 사과하지 않는다면, 그때부터는 더욱 큰 위기가 닥친다고 판단해야만 한다. 문제는 사과가 쉬워 보이면서도 결코 쉽지 않다는 점이다. 그래서 많은 사람이 주저하고 꺼리고 거부하기도 한다. 더 나아가 궤변을 통해서 상황을 모면하려고 한다. 이렇게 사과가 어려운 데에는 분명 이유가 있다.

하버드대학교 정신의학과 교수였던 아론 라자르(Aaron Lazare)는 '사과는 사람들 사이에서 벌어지는 가장 심오한 상호작용'이라고 말한 바 있다. 스스로 자존심을 무너뜨려야 하고, 실수를 인정하고 용서를 구하는 이러한 과정은 결코 만만치 않다. 하지만 주도권 쟁탈의 마지막 완성은 내가 실수했을 때 해야 할 가장 심오한 사람 간의 상호작용을 어떻게 해야 하는지를 배우는 일이다.

사과하지 않으면 궤변이 튀어나온다

중국 진나라의 손초(孫楚)라는 인물은 젊었을 때부터 속세를 떠난 은둔의 생활을 그리워했다. 당시에는 은둔 생활을 '돌을 베개 삼아 잠을 자고, 흐르는 물에 양치질을 하겠다'라는 말로 표현하곤 했다. 마치 가을을 '천고마비의 계절'이라고 표현하는 것과 같은 흔한 비유였다. 손초는 이런 비유를 활용해 자신의 바람을 친구들에게 밝히려다 그만 말실수하고 말았다.

"앞으로 나는 돌로 양치질을 하고, 물로 베개를 삼을 예정이라네."

그러자 친구가 고개를 갸우뚱하면서 그의 실수를 지적했다. 이에 손초는 당황스러운 나머지 이렇게 말했다.

"돌로 양치질을 한다는 말은 이빨을 연마하겠다는 것이며, 흐르는 물을 베개로 삼는다는 것은 어지러운 속세의 이야기를 들었을 때 물로 귀를 씻겠다는 의미일세."

이 이야기에서 '돌로 양치질을 하고, 물을 베개로 삼는다'라는 수석침류(漱石枕流)라는 고사성어가 유래했다. 이 말은 훗날 자신의 실수를 인정하거나 사과하지도 않으면서 궤변을 늘어놓는 상황에서 자주 쓰였다.

사실 사과 대신 궤변을 늘어놓는 일은 오늘날에도 매우 흔하게 일어난다. 문제의 원인을 다른 곳에서 찾고, 오히려 자신의 억울함을 부각하여 상황을 엉뚱하게 해석하는 일이다. 누군가의 명예를 훼손해 놓고 "오히려 진실을 드러내 명예를 회복해 준 것이다"라고 하거나, "누구나 그런 일을 하니, 그다지 내가 잘못했다고 생각하지 않는다"라고 말하는 것이다. 문제는 실수를 수정하고 사과하지 않으면 그러한 일이 반복된다는 점이다.

『논어』에는 실수에 대해 궤변을 늘어놓는 행태에 대해 이렇게 지적하고 있다.

> "소인은 잘못을 저지르면 반드시 그럴듯하게 꾸미려고 한다. … 소인은 허물을 고치는 데 꺼리고, 스스로 속이는 것은 꺼리지 않으므로, 반드시 그 허물을 거듭한다."

매일 자신에게 하는 사과

실수했을 때 궤변을 늘어놓는 이유는 사과가 자신을 매우 혹독한 상황으로 몰아넣기 때문이다. 대부분의 사람은 정정당당하게 살고 싶어 하고, 도덕적인 우월성을 갖추고 싶어 한다. 하지만 실수와 그에 따른 사과는 자신이 정정당당하지 못했으며, 도덕적으로도 열등했다는 사실을 인정하는 꼴이다. 그러니 사과하기를 꺼리는 것은 어찌 보면 당연한 일이기도 하다. 그러나 사람들은 오히려 이러한 부끄러운 마음마저 이겨 내면서 진정한 사과를 하는 사람을 더욱 대단하다고 여긴다.

경영의 세계에는 '서비스 회복의 패러독스(Service recovery paradox)'라는 것이 있다. 소비자가 구매한 제품이나 서비스에 문제가 있을 때 변명이나 궤변을 늘어놓지 않고 사과와 함께 대책을 제시하면 고객의 호감이나 호평이 더 늘어나는 현상을 말한다. 고객의 만족도가 더 높아지기 때문에 차라리 이런 사과의 계기가 있는 것이 훨씬 더 낫다고까지 말할 수 있다. 사과라는 혹독한 과정을 거치면, 상태는 전과 비교할 수 없게 좋아진다는 이야기다.

과거보다 훨씬 더 나은 상태를 만들어 내는 혹독한 과정에 관한 이야기가 있다. '팽팽한 긴장과 대치가 지나고, 길이 없는 상황에서 새로운 여지와 희망을 발견하게 된다'라는 의미의 유암화명(柳暗花明)이다.

정치적인 꿈을 이루지 못했던 남송시대의 육유(陸遊)라는 인물은 시골로 가서 몸을 숨기고 살았다. 매일 밤 나라에 대한 근심을 놓지 못한 그는 힘든 시절을 겪고 있었다. 그러던 어느 날 마을 멀리에서 들리는 음악 소리에 이끌려 산길에 오르게 됐다. 길은 점점 더 험악해지고 첩첩산중이 이어졌다. 되돌아갈까 생각해 보았지만, 그는 점점 더 깊은 곳으로 들어갔다. 그런데 어느 순간 작은 마을 하나가 마치 숨겨져 있던 비밀의 세계처럼 드러났다. 그곳에서 육유는 순박한 마을 사람들로부터 술과 고기를 대접받고 강렬한 행복감에 사로잡혀 한 편의 시를 썼다.

"산이 첩첩하고 물이 겹겹이라 길이 없을 것 같나 했더니 버드나무 드리우고 꽃이 피어오르는 곳에 한 마을이 있네. … 앞으로 시간이 되면 한가로이 달빛을 타고 지팡이 짚고 수시로 밤에 찾아와 문을 두드리리."

혹독하고 자존심 상하는 환경에서 기꺼이 사과하고 관계와 주도권을 다시 회복할 기회를 갖게 되면 마치 버드나무 드리우고, 꽃이 피는 마을을 만나는 경지를 경험할 수 있다. 철저하게 반성했으니, 다시 과거의 실수와 잘못이 반복될 리도 없다. 서비스 회복의 패러독스처럼 차라리 사과할 일이 있는 것이 내 인생에는 훨씬 더 다행일 수 있다.

매일 자신을 새롭게 하는 힘

다만 사과는 자신의 미안한 감정을 전달하는 것만이 아니라는 사실을 분명히 알아야 한다. 그래서 최종적으로 "내가 실수했어. 미안해"가 중심이 되는 사과는 사과가 아니다. 반드시 피해에 대한 보상과 그에 따른 대책을 분명하게 제시해야 한다. '미안하다'가 끝이 아니라 "내가 미안하니 ○○○ 하겠다"와 "내가 잘못했으니 ○○○을 통해 다시 실수하지 않겠다"를 제안해야 한다는 점이다. 아주 가까운 친구와 부부 사이에서도 마찬가지다. 이러한 제안이 없다면 복원은 쉽지 않을 수 있다.

더불어 이러한 반성은 타인에게만 해야 하는 것이 아니다. 매일 하는 자기반성은 곧 자신에게 사과하는 것과 마찬가지다. 이 과정은 분명 더 나은 발전 방향을 모색하는 일이다.

상나라의 초대 황제인 탕왕(湯王)의 욕실에는 이런 문구가 새겨져 있다.

"매일 자신을 새롭게 하라. 이를 반복하고 또 반복하고 평생을 반복하라."

자신을 새롭게 하라는 말은 하루의 잘못을 반성하고 수정하면서 계속해서 정신적 회복 과정을 통해 새롭게 태어나라는 이야기다. 물론 이러한 자기반성 역시 스트레스로 작용한다. 그러나 약한 스트레스는 백신과 같은 역할을 한다. 백신은 소량의 독을 사전에 주입해서 더 큰 병을 막는 역할을 한다.

자기반성도 마찬가지다. 매일 조금씩 반성을 통해 새로운 나를 만들어 나가면 결국 타인에게 하는 큰 실수마저 줄일 수 있다. 사과로 관계를 새롭게 하고 반성으로 나를 새롭게 하는 것, 바로 이것이 위기의 순간에도 늘 나를 잡아주는 동아줄이 되어줄 것이다.

· 에필로그 ·

심기일전,
바로 지금이 시작할 때이다

과거로 돌아가 자신의 미래를 바꾸는 일은 영화에 등장하는 흔한 상상력이다. 불가능한 일이지만, 꽤 매력적인 일이다. 현재 자신의 모습을 후회하는 사람이라면 더 간절하게 이런 일이 일어나기를 바랄 수도 있다. 만약 정말로 내가 과거로 되돌아갈 수 있다면 모든 것은 일사천리, 100퍼센트의 효율성으로 자신의 인생을 수정해 나갈 수 있기 때문이다. 무엇을 어떻게 바꿔야 할지 정확히 알 수 있을 것이며, 가장 효과적인 것이 무엇인지도 이미 머릿속에 있으니 이보다 좋은 일은 없다.

신세 한탄하던 노생 vs 고관대작이 된 노생

당나라 시대에 지어진 『침중기(寢中記)』라는 풍자소설에는 '한단이라는 곳에서 꾼 꿈'이라는 의미의 한단지몽(邯鄲之夢)에 관한 이야기가 나온다.

여옹(呂翁)이라는 한 도사가 한단 지역에 있는 한 주막에서 술과 밥을 시키고 기다리고 있었을 때였다. 마침 옆에서 노생(盧生)이라는 인물이 술을 마시면서 신세 한탄을 하다가 스르륵 잠이 들었다. 그런데 그때부터 노생은 꿈속에서 스펙터클한 인생을 살게 된다.

명문가의 딸과 성대한 결혼식을 올리고, 황제를 잘 보필해서 태평성대를 이끌며 재상의 자리에 오른다. 그런데 어느 날 불미스러운 일에 엮여 시골로 유배를 가게 되었다. 거기에서 인고의 세월을 보낸 그는 억울한 누명을 벗고 다시 화려하게 관직에 복귀했다. 심지어 다섯 명의 아들을 낳았는데, 모두 대단한 명문가의 딸들과 결혼하고 고관대작이 되었다. 노생은 행복한 말년을 보내다가 어느덧 80세가 되어 편안하게 생을 마쳤다.

이때 노생은 꿈에서 깨고, 다시 낯익은 풍경을 마주하게 된다. 옆에 있던 여옹이라는 도사는 아직도 술과 밥을 받지 못했고, 주막의 주인은 열심히 상을 차리고 있었다. 이때 노생의 꿈을 들여다보았던 여옹은 웃으며 이렇게 말했다.

"인생이란 다 그런 것이라네."

이 이야기는 인생은 일장춘몽이며, 또 허무한 것이라고는 교훈을 주고 있다. 하지만 관점을 달리해서 바라보면 전혀 다른 교훈을 얻을 수 있다. 이 이야기에서는 주막에서 신세 한탄을 하며 잠든 노생이 현실이고, 고관대작이었던 노생이 꿈이라고 말하지만, 만약 정반대로 상상해 본다면 어떨까? 실제 고관대작이었던 노생이 죽기 직전에 수십 년을 거슬러 다시 현실의 노생으로 타임슬립을 했다고 생각해 보자. 자신의 미래를 이미 본 노생은 그때부터 삶의 태도가 완전히 달라질 것이다. 이미 한번 경험해 본 인생이니 어떻게 하면 더 잘살 수 있을지 알 수 있을 것이며, 심지어 억울하게 누명을 쓰지 않는 방법도 알 수 있을 것이다.

지나간 10년만큼이나 빠르게 다가올 앞으로의 10년

'과거로 돌아가고 싶다'라고 생각하기보다는 '오늘 나는 미래에서 돌아왔다'라고 상상해 보자. 100퍼센트 기억이 나지는 않지만, 지금 사는 모습을 본다면 앞으로 살아갈 모습을 보는 것도 그리 어렵지 않다. 사실 치열하게 생각해 보지 않아서 그렇지, 대체로 우리는 우리의 미래를 그려 낼 수 있다. 특히 과거를 살펴본다면, 오늘의 내 상황이 어떻게 만들어졌는지 알 수 있으니, 미래의 모습을 그려보는 것도 어렵지 않다. 바로 오늘이 내가 미래에서 돌아온 첫날이라면, 이보다 좋은 일은 없을 것이다. 지금부터 시작이고, 이제 막 출발점이다.

이 책에서 오랜 시간 이야기했던 주도권도 결국에는 마음의 자세에서 시작한다. 한번 살아가는 인생을 결코 나약하게만 살지 않겠다는 결심, 일단 한번 시작했으니 제대로 결론을 내고 세상의 주인공으로 살아가겠다는 의지가 있어야만 주도권으로의 접근이 가능하다. 만약 지금 현재의 자신이 무척 힘든 상태이고, 지쳐 있고, 하염없이 희망이 보이지 않는다면 바로 오늘을 미래에서 돌아온 첫날이라고 생각해 보자. 내 마음의 근본이 획기적으로 변하는 심기일전(心機一轉)을 만들어 낼 수 있을 것이다.

앞으로의 10년, 혹은 앞으로의 20년을 꽤 먼 시간이라고 생각할 수도 있다. 그러니 조금 천천히 준비해도 되지 않겠냐고 여길 수도 있다. 하지만 절대 그렇지 않다. 지금 당신의 지나간 10년, 혹은 20년을 생각해 보라. 정말이지 말로 표현할 수 없을 정도로 시간이 빠르게 흘러가지 않았는가? 바로 그 속도만큼이나 미래가 나를 향해 돌진하고 있다고 느껴야만 한다.

급하게 마음먹을 필요는 없지만, 미래는 생각보다 훨씬 빠르게 나에게 다가오고 있다고 생각하면 오늘을 어떻게 보낼지를 결심할 수 있을 것이다. 더 나아가 이 책으로 배운 주도권의 확보를 통해 내 인생을 어떻게 더 풍요롭게 만들어 나갈 수 있는지 생각해 보는 기회를 갖는 것도 좋을 것이다.

**좋은 사람 되려다
쉬운 사람 되지 마라**

초판 1쇄 발행 2024년 10월 7일
초판 2쇄 발행 2024년 10월 14일

지은이 이남훈
펴낸이 김선준

편집이사 서선행
책임편집 송병규 편집4팀 이희산
디자인 정란
마케팅팀 권두리, 이진규, 신동빈
홍보팀 조아란, 장태수, 이은정, 권희, 유준상, 박미정, 이건희, 박지훈
경영관리 송현주, 권송이, 정수연

펴낸곳 페이지2북스
출판등록 2019년 4월 25일 제 2019-000129호
주소 서울시 영등포구 여의대로 108 파크원타워1, 28층
전화 070)4203-7755 팩스 070)4170-4865
이메일 page2books@naver.com
종이 월드페이퍼 출력·인쇄·후가공 더블비 제본 책공감

ISBN 979-11-6985-101-5 (03150)

- 책값은 뒤표지에 있습니다.
- 파본은 구입하신 서점에서 교환해 드립니다.
- 이 책은 저작권법에 의하여 보호를 받는 저작물이므로 무단 전재와 복제를 금합니다.